営業マンは

70点主義でいい。

実はこれが営業で成功する近道

中尾隼人
Hayato Nakao

はじめに

あっ、こんにちは！　この本を開いてくれてありがとうございます。

でもいきなりなのですが、もしあなたが、「営業はそこそこできるし、成果もそれなりに出てるよ」っていう中級者以上の方で、さらなる必殺技が書いてある本をお探し中なら……、迷わずこの本をバスッと閉じちゃってください！　もっと刺激的な本が他にあると思います（苦笑）。


でも、もしあなたが……。

「営業したくないけど、やらなきゃいけない……」

こんな風に、得意でも好きでもないのに、営業をしなきゃいけなくて毎日ストレスまみれの状態で苦しんでいるなら、この本はきっとあなたの環境を変えるキッカケになれると思います。


ざっと簡単に紹介させていただくと、この本は「営業に自信がないし、自分には向いていない」と感じている人が無理なく営業で70点を取って、望んだ成果が出せるようになるための内容になっています。

実は営業は、カリスマやトップセールスマンにならなくても、70点取れれば、十分に成果をあげることができます。

当然ですが世の中には、営業に関する本が数えきれないほどありますよね。でもそのほとんどがカリスマ営業マンやトップセールスマンになるため、つまり、１００点をとるための内容になっている気がします。

なので営業に苦手意識を持っている人にとってはハードルが高すぎて、「自分でもできそう！」と感じることができずに脱落しちゃっているんじゃないかと思います。

実は営業を始めた頃の自分が、まさにそうでした。この本は、そんな当時の自分自身のように、営業に苦手意識がある人が「自分でもできそう！」と思ってもらえるように分かりやすく体系化されているのが特徴です。

しかも、一つひとつの方法はとてもシンプルで簡単だから、すぐに実践できるようになっています。

もちろん、無理に相手に合わせたり、営業用のキャラを演じるみたいな「気が乗らない営業方法」が混ぜ込まれたりはしていないので安心してください。
成果をあげるために無理して自分自身を変える必要など一切ありませんからね。

もう一つ、あなたにお伝えしておきたいことがあります！
この本には特典がついているんです！　実は、この本を編集するにあたって、「あなたに読みやすい〜！」と感じてもらえるための〝ちょうどいいボリューム〟に仕上げるために、泣く泣く割愛したノウハウが存在します。

とはいえ、せっかくのノウハウだから「ぜひあなたにお届けしたい！」と思い、特典としてダウンロードしていただけるようにしました。
というわけで本書の終わりには特典のダウンロード方法を紹介していますので、ちゃんと最後まで読んだ後にチェックしてくださいね。

それでは、はじまりはじまり〜。

CONTENTS 目次

目次 CONTENTS

01 営業マンは100点を目指さなくても成果が出せる理由

「はぁ……、やっぱり自分には営業向いてないわ」

得意でもないし、特にやりたかったわけでもないけれど、気がついたら営業をやることに。もちろん、今までいろいろ自分なりに調べてきた。営業の本を買ったり、先輩にやり方を教えてもらったり。どれも言いたいことは分かるし「あぁ、確かにそうやれば契約が取れるようになるかもなぁ」って思う。でも、どうも自分には向いてない。向いてないんだよなぁ。

だから、成果を出している先輩とか周りの人を見ると、ただただ「スゴイな……」って感じる。

感じるんだけれど、自分にはしっくりこない。やっぱり自分の考え方がおかしいのかな？

こんな風に感じて、毎日悶々《もんもん》としていませんか？

毎朝が憂鬱《ゆううつ》で「会社なんかなくなればいいのに」とか思ったり。「朝起きたらトップセールスマンの能力が自分にインストールされてたりしないかな〜」とか。

その気持ちよーく解ります！

えっ？　なんで解るかって？

だって、このダメダメな状態って、まさに僕自身の以前の状況だからです。朝起きたら人見知りが消えていて、コミュニケーションレベルが50くらいアップしてないかなぁって本気で思っていました。あなたと同じように営業の本を買いまくったり、先輩のやり方を注意深く観察したり。自分を変えられそうな方法が手に入るかもと思って、仕事が終わると本屋に救いを求めてさまよっていました。

そんなあなたにこそ伝えたいことがあります！

もし、「今まで教えられたり、一生懸命トライしてきた営業方法」が、実はあなたにとっては間違ったゴールだったとしたらどうしますか？　もし、あなたのタイプにピッタリな、全く別の営業方法があるとしたら？　ちょっぴり希望の光が見えてきませんか？

実は、そんな方法が本当にあるんです。営業が苦手だと感じていたり、自分には向いていないと感じているあなたにピッタリな営業方法が。しかも、それはあなたが今まで違和感を抱いてきた営業方法なんかじゃありません。もちろん、「それって人としてどうなの……？」みたいな荒技なんかでもありません。

そのやり方は、ひと言で言うと、

「営業で１００点を目指すやり方じゃなくて、あえて70点を目指すやり方」

70点といえども、おそらくあなたが望んでいる以上の成果を出すことができるやり方です。実はこの営業での「70点」というのが重要なキーワードになってきます。そして**「自分には営業は向いていない」と思っているあなたにこそ、この営業方法のノビシロがあるのです。**

僕自身、このやり方に出会ったことで、今まで全く商品が売れなかったのが嘘のように、どんどん成果が出始めました。それだけじゃなく、**嫌で嫌でしょうがなかった営業が今ではメチャクチャ楽しいって思えます。**あっ、マインドコントロールされて、心の外しちゃいけないストッパーが外れたとか、そういう話じゃないのでご安心ください（笑）。

この本では「どうして営業が苦手なあなたにこそ、商品が売れるまでのノビシロがあるのか？」、そして「どうして100点ではなく70点を目指すべきなのか？」を、その70点のやり方で思い通りの成果を出す方法と併せて紹介していきます。

今まで上手くいかなかった本当の原因

まずは、どうして今まで上手くいかなかったのか？　その原因を知ると、この後にどんどん紹介していくノウハウや考え方がとても理解しやすくなります。

「こんなに本屋に通い詰めたり、ネットでもいろいろ調べたのに、なんで自分にはしっくりくる解決策が見つからないんだろう……」。当時の僕もあなたと全く同じ気持ちでした。いくら自分が営業に向いてないっていったって、意外に同じように悩んでる人っていっぱいいると思う。いや、むしろそういう人の方が多いんじゃないのかなって思っていました。

一体どうして僕たちはこんな風に〝先が見えない迷子〟になってしまったのでしょう？　実はその答えは、とても単純でした。それは**「ほとんどの営業のノウハウ本やネットに掲載されている情報は、〝トップセールス〟とか〝ナンバー1〟とか「100点を目指す内容」だというところに原因があったんです。**

もちろん人見知りだったり、コミュニケーションが苦手な人が書いた本なんかもたくさんあります。だから、最初は共感できるし理解できるんだけれど、読み進めていくと内容はトップセールスになるまでの100点の取り方の話に……。

いつしかついていけなくなり、結局どうしたらいいのか分からずじまい。そしていつもこう思う。**「そこじゃなくて、もっと手前くらいの方法が知りたいんだけどなぁ」**。

「トップセールスなんかどうでもいい！　とにかくまずは売れるようになりたい……」

そう、あなたが今知りたい情報は、トップセールスになる方法でも、ナンバー1になる方法でもないですよね。あなたが今一番知りたい情報、それはとにかくまずは売れるようになる方法。そして、営業で商品が売れるようになって、こんな状況から抜け出すのが最初の目標じゃないですか？

・上司や先輩にクドクド詰《なじ》られたくない

「情けないな」とか言われてもさ、そんなの自分自身が一番情けないと感じてるし（泣）。

・**いつだって人並みに成果を出して、足を引っ張りたくない**

トップとかナンバー1とまでは望まないから、せめてマイナスの存在じゃなくなりたい！

・**しかも、毎日やる仕事なんだから、やりがいを感じたい**

「仕事なんだから、嫌なことも我慢しろ」って。それじゃ寂しすぎるじゃない？　なんか違う気がする。

この辺りの問題を解決できれば、それこそそのときは、トップセールスになる方法も理解できるようになるかもしれません。

というわけで、**まずこの目の前の「とりあえず売れるようになる」というゴールに到達する方法こそあなたに今必要な情報なんです。**

つまり「営業で１００点を目指すやり方じゃなくて、あえて70点を目指すやり方」。

これがその答えというわけです。ちなみに、この営業で70点を取るためのやり方というのは、最近登場した新しいノウハウなんかじゃありません。ずっと前からあったノウハウです。ただ、ちゃんと語られる機会がほとんどなかっただけ。

重要！ デキる人も70点まではみんな同じやり方⁉

ちょっと、イメージしてみてください。

営業だけじゃなく、習得するのに技術や才能が必要なことってものすごくいっぱいありますよね？

料理や楽器、スポーツもそう、他にもプログラミングや機械の操縦とか、挙げればキリがないくらい。

あなたも今まで、子供の頃の習いごとや、学生時代の部活、あとは趣味とか何かしらのスキルを習得してきましたよね？ そのときのことを思い出してみてください。

もしかしたら、あなたは100点に近いレベルでスキルを習得したかもしれないし、それこそ70点くらいで成長が止まってしまったかもしれません。では100点を取れていた人と70点で伸び悩んだ人には、どんな違いがあったのでしょうか？

それはおそらく、

・才能の差だったかもしれない。
・情熱の差だったかもしれない。
・練習時間の差だったかもしれない。

そう、70点からさらに〝高み〟を目指すには、これらの「付加価値」が必要。だから、70点以上は誰でも到達できる領域じゃなくなるわけです。ここがポイント！

今まで手に入れた営業のノウハウが、どうにも言っている意味が分からなかったり、自分には真似できないと感じたりしたのは、それらの情報が70点以上の領域の話をしているからなんです。

すでに自己採点が70点に到達していたり、そこまでじゃなくても50～60点あたりの人のための情報だったというわけです。

ここまで読み進めてくれているあなたは、おそらく当時の僕自身のように、自己採点は0点とか10点、もしくはよくても30点くらいなんじゃないかと思います。そんなあなたに、もう一度いろいろなエピソードを思い返して欲しいのです。

さっき僕は70点以上をとるには、才能や情熱といった付加価値が必要と言いましたよね。これは裏を返せば、営業においても**70点までは、トップセールスの人であっても、そこそこの成果を出す人であってもやることは同じ**ってことなんです。

習いごとでも部活でも、先生がいますよね？　その先生がちゃんとしていたら、そもそもヤル気がなくて上達したいと思っていない人でもない限り、誰でも70点のレベルまでは成長できるってことです。

「100点を目指すやり方じゃなくて、あえて70点を目指すやり方」

まず僕たちは70点をしっかり取りに行くことが重要。この方法こそがあなたをストレスだらけの日々から解放してくれるきっかけになるでしょう。

02 「営業が苦手」と思っている人にこそノビシロがある

あなたはまだ本気を出せていないだけ？

営業は、70点を取るまでは普通のセールスマンだってトップセールスマンだって、やることは同じ。だから100点じゃなく、まずは70点を目指せばいい。前項はそんな話をしました。

「でも、そうはいっても営業がそもそも苦手なんですけど……」

もちろん、これを読んでくれているあなたが、営業が苦手で自分には向いていないって感じていること、ちゃんと覚えています。苦手って感じている自分でも、本当に70点取れるの？　その辺りは疑問に感じますよね。

実は営業が苦手とか、自分には向いてないって感じているあなたにこそ、「ノビシロ」があるのです。

ノビシロってそもそも何？

ノビシロというのは、〝今現在のあなたの力と、本来の力の差〟のことを、ここでは意味しています。だから、ノビシロがすごくあるってことは、あなたはまだ本気を出せていないってことでもあるのです。**そう、あなたの力はこんなもんじゃないんです！**

もちろん、本気を出すっていうのは、「やりたくない！」とか「苦手だ！」っていう感情を麻痺させて、サイボーグのようにゴリゴリに売り上げをあげ続けることなんかじゃありません。

事実、今まで「この人、感情をどこかに置き忘れたのかな？」っていうくらい、お客さんを騙《だま》したり嘘をついたりして、売り上げをめちゃくちゃあげている人を目にしたことがあります。

そうではなくて、僕たちの本気っていうのは全く逆で、〝相手の役に立ちながら売り上げや成果を出す〟そういうやり方です。

そうは言っても、挙げればきりがない「営業に向いてない理由」

もちろん、そんなやり方で成果が出せるなら、今すぐにでも知りたいですよね。でも、そんな未来を手に入れるには解決しなきゃいけないことがあります。

それは今あなたが営業をするときにストレスに感じていること。つまり自分には向いてないって感じる原因ですね。

あなたが営業でストレスに感じること……。

・違和感だらけの怪しげなトークを使いたくない。
・受け入れられていないのに無理矢理話を続けたくない。
・ノルマに追われて、自分らしさを失いたくない。
・生理的に合わない人と付き合いたくない。

・結局売り込んでいる感じの流れになるのが嫌だ。

これは「理由」のほんの一部ですが、おそらくこのようなストレスを感じているはず。そしていつもこんな風に思う……。

「こういうことを飲み込まないと、営業で成果は出せないの!?」

なんか周りの人は当たり前のように飲み込んでいるけど……、自分には無理だ。そりゃぁ、思うように成果を出せていないけれど、こういうことを飲み込んじゃっている先輩のアドバイスだから、なんか全然耳に入ってこない。

だから、周りを見ていると自分には向いてないとしか思えない。というより、「そっちの世界に行きたくない」っていうのが本音。

でも大丈夫、飲み込む必要なんてないんです!

あなたが今感じている、そのストレスやその違和感。本当は飲み込む必要なんてないんです！　そんなの飲み込まなくても営業で成果は出せます。というか、飲み込んじゃいかんでしょ。

ちょっと、思い返してみてください。そういうあなたが感じているストレスを飲み込んで営業を続けている周りの人……。成果が出ていますか？

もしかしたら目先の売り上げや契約は取れているかもしれない。でもその人のお客さん、今もお客さんですか？　今でもいい関係を続けていますか？　おそらく、クレームをもらったり、一回だけの関係になったりしている割合が多いんじゃないかと思います。

どうしてそんなことになっちゃうのか？

それは、間違った営業をしているからに他なりません。ストレスや違和感を飲み込むのが〝大人の世界〟であって、〝営業の世界〟だと思っちゃうところに問題があります。「変だな」とか「これって相手のためになることなのかな……」。こんな気持ちを無視すると、目先の成果は出ても、必ず後で大きなツケとなって自分に返ってきます。

人見知りのくせに営業未経験で入社

ここで、少しだけ僕自身の話をさせてください。

実は僕自身、この違和感やストレスを飲み込めずに、営業が嫌で嫌で仕方なかったタイプなんです。それまでの僕は、バンドマンをしていて、東京の音楽会社で音声編集や作曲をしていました。しかし、当時習っていたベースの先生のあるひと言で、音楽人生から一気に方向転換することに。

「これ以上教えることはないから、仕事を分けてあげてもいいよ。でも俺はすすめない。中尾ちゃんはベースだけじゃなくていろんなことができるんだから、音楽は趣味にして別な仕事をしたほうがいい」

『あ、確かに……』

本気でミュージシャン人生を目指していたのに、なぜか、その言葉がしっくりきて突然の就職活動。人見知りのくせに一度くらい営業の仕事をしたほうがいいのかなと、軽い気持ちで仕事を探してみました。

そしてなぜか運よく上場企業に入社。もちろん実力なんかじゃなく、事業拡大で大量に営業マンを募集していたタイミングに応募できただけ。配属先は地元の仙台。

いきなり1日100件の洗礼

しかし、話がトントン拍子に進むわけもなく……、ここから迷走の日々が始まった。大きな会社なので、トークマニュアルや研修などで営業の「いろは」が全て身につく。そこで早速、第一の関門。

『ん？　この営業トークで……、いいの？』

決して嘘をついたり、曖昧な表現とかではないんだけれど、こちらの言いたいことばかりをガンガン説明するようなトークに違和感。なんかこれ、自分が話されても欲しくならない。っていうか怪しいとしか感じない。

そんな状態で与えられた最初のミッションが、1日100件街中のビルを上から下まで順番に何棟も訪問してサービスに申し込んでくれそうな見込み客を探すこと。

もちろん、しっくり来ない営業トークと不安を抱えた初心者営業マンの話なんて誰も聞いてくれない。行く先々で、ひたすら断られ続ける毎日。自分でも買わないなと思うようなトークをしているわけだから、相手に断られるたびに「だよねぇ」って感じる始末。


「やったぁ、リストをもらった！　ん？　これって……」


そうやって1日100回否定されるという状態が数週間も続いた中で、ボスに呼び出されたとき、思わず「すみません、自分が情けないです……」って言ったら、「こっちが情けないよ！」とまさかのカウンターパンチ。さらにヘコむ……。

「100件訪問が無理なら、顧客リストを渡すからそこにアプローチしたらどうだ？」

おぉ!?　まさかの、天の救い！

これなら否定されないし、自分にもできそうじゃん！　急にやる気が出てきてリストを片手にテレアポ開始。

しかし、トークの内容は相変わらずいつもの〝怪しげトーク〟なので、もちろん断られる。しかもめちゃくちゃ電話越しに怒られたり、ガチャ切りされたりする。

後で分かったことなんだけれど、そのリストはクレーム客と現在疎遠になった失客リスト。

「オーマイガッ！」

やっぱりな。先輩がいっぱいいる中で新人の自分にまともなリストがくるわけないよね。

まぐれで取れた契約……、でもなぜ？

鳴かず飛ばずの日々がさらに何日も続く中、ついにまぐれに遭遇。しかも立て続けに2件。僕の話を聞いてくれて、しかも快く契約してくれた人が現れたんです。

どうしてそんなことが起きたのか自分で振り返ってみたら、答えはすぐに分かった。

それは違和感だらけの〝怪しげトーク〟を使わないで、自分らしさを出して相手に接したから。

そのときから僕は全てのルールを変えた。

ストレスを感じるような営業の教えを飲み込まずに、自分で組み立ててみようって。そして、「自分というキャラを大事にする」とか「人の役に立つ」っていう当たり前のルールをもとに、営業で成果が出る仕組みづくりにハマっていったわけです。

その結果、営業未経験で入社したその年から、全国でトップの成績を毎年取ることができました。ストレスを飲み込まずに、簡単に成果を出せるノウハウを確立できたおかげです。

しかも、早速そのノウハウを後輩に教えたら、なんとたった1ヶ月で昇進しちゃいました（笑）。

本当の営業は違和感がなく「楽」に成果が出せる！

そう、僕は証明したんです。営業っていうのは、ストレスや違和感を飲み込んで成果を出すものなんかじゃない。本当はとても楽に成果が出せるんです。

でも、楽っていうのには2つの意味があります。

・楽しく成果が出せる＝Fun（楽しい）。
・楽（簡単）な方法で成果が出せる＝Easy（簡単）。

つまり本当の営業は、楽しく簡単な方法で成果が出せるものです。
しかも営業が苦手で、向いていないと思っているあなたにこそ、ノビシロがあるということ。

どうですか、自分にもノビシロがあるかもって少し期待が持てました？

03 〝正しい準備〟をきちんとすれば、自然と営業が楽しくなる

営業で70点を取る最も重要なステップ〝正しい準備〟

ここでは、営業が苦手な人でも成果を出すための重要ポイントについてお話しします。

それは、得意な人でも苦手な人でも全員にとって重要なことで、誰もが営業で70点を取るために必要なステップ……、**つまり〝正しい準備〟**です。

営業で成果を出すとなると、どうしても〝現場でのトーク力〟のような「目に見えるところのクオリティ」が注目されがちですが、それは間違い。正しい準備の手順さえ踏んでおけば、現場でテンパったり、頭ごなしに断られたり、もしくは無理矢理売り込まないといけない状況になったり、こんなことはほとんど起こらなくなります。

なので、ここではこうした営業をするための〝正しい準備〟についてがっちり紹介していこうと思います。

そして、その準備の仕方を紹介すると同時に、ノビシロがあるのに苦手意識が消えないあなたが、一体どのステップで行き詰まっているのかも併せて説明していきますね。

ココロもカラダもボロボロ……、悲劇の原因は準備不足!?

「相手に断られるのが嫌だ……」

「商品を売り込むのが嫌だ……」


実はこれらの苦手意識は「準備不足」が引き起こす問題なんです。営業に自信がなかったり、苦手意識があるほとんどの人が、正しい準備をしないうちに営業に行っている傾向があります。でも、この状況はあなたのせいではないかもしれません……。

もしかしたら、先輩や上司からその正しい準備も何も教えられないまま出撃命令が下っているのかもしれません。もしくは、彼ら自身も〝正しい準備〟を知らずに、相手のココロの〝防御壁〟を強行突破する強引なトークしか教えられないのかもしれません。

いずれにしてもこの準備が整っていない状況で闇雲に仕掛けてしまうやり方が、多くの悲劇を生んでしまいます。商品を必要としていない人に、勢いでモノを売りつけたり、本当はノビシロがあり、相手に喜ばれたり頼られる存在になれた、あなたのような人材のココロをボロボロにしてしまうのです。

大企業の経営者にも活用される不変のノウハウ

今から紹介するこの正しい手順は、実は営業のために生まれたノウハウではありません。ずーっと昔のそのまた昔、２５００年くらい前、戦争に勝つためのノウハウとして書物に登場しました。

その書物の名前は「孫子」。一般的には「孫子の兵法」と言われる方が多いです。現代でもビジネスのバイブルとしても人気がある、もともとは戦争に勝つための兵法書《ひょうほうしょ》です。

当時は、人数の差・勢い・運なんてもので戦争をしていた中、この「孫子」の登場で状況が一変します。論理的に考え、正しい準備をすることで戦う前に、勝ち戦の状況をつくる。このノウハウは、２５００年たった現在でも現役バリバリ。

僕たちが教科書で読んだような歴史上の人物の愛読書だっただけじゃなく、現代の大企業の経営者にも愛されているほど。

その中で、正しい準備について書かれたこんな一節があります。

〝彼（相手）を知り己（自分）を知れば百戦危うからず。
彼を知らずして己を知れば一勝一敗。
彼を知らず己を知らざれば戦うごとに必ず危うし〟

これを営業の話に落とし込みながら訳すと、次のような意味になります。

〝自分の価値観や会社の方向性を明確にし、相手の悩みやその業界の課題などについて理解すれば、営業で成果を出す可能性は一気に高まる。ただ、相手のことを理解せずに、自社の商品やサービスだけを理解していれば、成果は出たり出なかったり。そして相手のことも知らないうえに、自分の価値観に合わない売り方をしていたり、自社商品のよさすら理解できていなければ、営業するたびに悲劇が待っている〟

つまり正しい準備とは、

1．自分自身（自社）を知ること
2．相手のことを知ること
3．1と2を元に勝てる計画を立てること

この手順を踏めば、戦わずして勝つ、売り込まなくても自然とモノが売れるようになります。出撃する前から勝負はついている状況をつくるのが正しい準備。

今までの、ノープランな突撃命令じゃ、そりゃ返り討ちに遭うのは当然ってことです。

「誰に（相手）」「何を（自分のサービス）」「どのように（勝てる計画）」売るか？

このキーワードを埋めていく作業が、あなたの遅咲きの才能をいよいよ開花させてくれます。

才能を開花させる正しい準備の進め方

それでは、正しい準備をどうやって進めればいいのか？　その方法について紹介します。

正しい準備のステップ1：自分自身（自社）を知る

自社の商品やサービスに対する知識はもちろん知らないといけない、それは当たり前。**でも営業が楽しいと感じられるようになるのにもっと大事なことって、自分自身を知ることだと僕は感じています。**

・あなたが、この仕事をやる理由は自分で納得できるものか？
・あなたが、毎日生活するうえで大切にしている価値観や感情はどんなものか？
・あなたは、この役割を通してどのように人の役に立てると思うか？

この辺りの問いに前向きな答えが出せると、自然とエネルギーが湧いてきます。

「そもそも、自分がやりたいことを仕事にできる人なんてほとんどいない」

そう思っている人の方が圧倒的に多いのは分かっています。でも、僕は全くそうは思いません。

それは、〝自分がやりたいことのフレーム〟をどの枠で捉えるかで大きく変わるものなのです。


例えば、僕自身でいえば、元々はベーシストとして音楽をつくっていくことで、関わる人を幸せにできると信じていました。

だから、ベーシストになるというフレームで捉えると、僕は今もやりたい仕事につけていないですよね。でも、〝関わる人を幸せにする〟というフレームで捉えると、まさにやりたい仕事ができていることになるんです。


これ、屁理屈とかじゃなくて、直接あなたに会って伝えたいくらい本当に大事なことなんです。

仕事にやりがいが感じられなかったり、自分に自信がもてない人って、意外にこういう自分の根幹の感情に向き合えてなかったりするものです。

僕自身もそこに気付けずに、ストレスを上書き保存する毎日でした。

でも〝自分がやりたいことのフレーム〟を変えるだけで、目標や夢は一気に現実味をおびてきます。自分がやりたいことが現実味を帯びてくると、自信も持てるようになる。

不思議ですねぇ。

正しい準備のステップ2：相手のことを知る

「相手に断られるのが嫌だ……」

仕事とはいっても、自分自身を否定されている気分になるので耐えられない。実はこの問題はステップ2を飛ばして出撃することで起きる「あるあるな問題」です。

この問題は簡単にいうと、

・ターゲットが具体的に決まっていないのにトークだけできあがっている。
・ターゲットが決まっているだけで、悩みや状態をよく知らないから、的外れなトークになっている。
・ターゲットの立場を理解しないで接するのでイライラされて断られる。

この辺りが原因になっています。

ターゲットとは、あなたが商品やサービスを提供したいと思っている見込み客像のこと。ターゲットが決まっていなかったり、相手が何で悩んでいるのかを理解せずに思い込みで行動すれば、相手に拒絶されるのは当然の話ですよね。

まずは、

- **あなたが誰の役に立てるのか？**
- **相手はどんな問題を抱えているのか？**
- **その問題はどうして引き起こされているのか？**

このあたりをちゃんと知ることが大事。

正しい準備のステップ3：1と2を元に勝てる計画を立てる

ターゲットを特定して、相手の悩みや課題も理解している。そして自分が相手の役に立てるポイントも分かっている。

ここまで分かればいよいよ作戦を立てます。その作戦は当然、相手に押し売りすることなんかじゃありません。相手の悩みの解決にあなたのサービスが最適だと、自然に感じてもらうための作戦です。

「売り込むのが嫌だ……」

いつもそう感じているあなたは、この作戦を正しく立てることで問題解決することができるでしょう。

売り込まなくても、相手から「売ってほしい」「手伝ってほしい」って言ってもらう作戦をつくるのです。

もちろん、難しいことはありません。誰でもできる手順があるので、安心してください。

取り入れたもん勝ち!?　ここから差がつく営業成果

さて、もりもりな内容でしたが、なんとかついて来てくれていますか?

次項からは具体的に、それぞれのステップを完成させるための話をしていきます。

ただ、その前の準備としてここで紹介した大まかな部分でも、作業を進めてみてください。自分自身を振り返ることはすごく大事ですので、騙されたと思ってトライしてみてくださいね。

04

ココを探せばきっと見つかる！自分の強みの見付け方

どこだって今の職場よりはマシなんじゃ……

自分に自信が持てないと、営業や仕事で上手くいかないたびに、「だってそもそも自分には向いてないし……」なんて思ってしまうから、何をやっていても楽しくない。そうなると、みんな行き着く先は同じ。転職することばかり頭の中を駆け巡っちゃうものです。

いろいろな転職先を見ていても「今の職場よりはマシなんじゃないか」と、都合のいい理想の職場を勝手にイメージしてみたり……。

この項は、そんなあなたにこそ伝えたい内容です。それは「自分自身を知る方法」についての話。自分の本来の強みを見付けて、今のストレスの日々から抜け出すきっかけをつくる。

この項を最後まで読んでもらえたら、少なくとも今までよりも仕事や毎日の生活が楽しく感じられるようになると思います。

だから、騙されたと思って耳を（目を？）傾けてください。

自分を知っている人と知らない人の分かれ道

そもそも、今さらどうして自分のことを改めて知る必要があるのでしょう？　その答えは簡単。そのくらい、メチャクチャ大事なことだからです。

このステップを飛ばしてしまうと、どんな仕事をやっても楽しいと思えないはずなんです。なぜなら、自分自身が向かうべき方向性や望みがはっきり分かっていないということは、到達すべきゴールが分からないってこと。

ゴールが分からない状態で仕事をしているということは、絶対に達成感を味わえないってことになります。

もちろん、ときどき人から感謝されたりすることで気持ちが満たされる瞬間はあるはず。でもどうすれば、繰り返し相手の役に立てたり、感謝される状況をつくれるのか？　どうすれば「自分が満足する方法」で、そんな状況を意図的につくれるのか？　ここらへんが未知ですよね。

だからもし、この問題が解決できるとしたら、あなたのココロの健康度は一気に上がるはずです。

そのための、第一歩が「自分自身を知る」ことです。でも、今さら自分自身を知るってどういうことだって思いませんか？

実は、ここが重要なポイント！　自分自身のことでも、「強み」や「魅力」とか、特定の分野については自分では見えにくいところがあるんです。

突然「あなたの魅力ってなんですか？」って聞かれてすぐに答えられますか？　たぶん出てこないですよね。そういうことなんです。

えっ、ココなの？　自分の強みが見つかる意外な場所

あなた自身の本来の強みや魅力、そして進みたい方向性とか。どうしてこの辺りが自

分では見えづらいのかというと、**それは〝あなたが探している場所〟が間違っているからなんです。**

この〝探す場所〟っていうのが重要。

実は自分の強みっていうのは「背伸びをしてたどり着けるかなぁ？」っていうくらい遠くにあるものじゃない。

あなた本来の強みっていうのは、すでに目の前の足元にあるものです。まさに「灯台下暗し」ってこと。

どうして足元に落ちているものが強みになるのか？　それはとても単純なこと。そもそも「強み」とか「魅力」っていうのは、言い換えれば、あなたの「他人よりも少し優れているところ」ですよね？

だからあなたの魅力は、あなた自身が背伸びなんかせずにできていたり、考えていたりすること。それが周りの人にとっては「魅力」として映っていることになる。とても単純なのに盲点ですよね？

自分本来の強みを知る3つの質問

さて、ここまであなたの本当の強みは、「当たり前」という場所に潜んでいることまで特定しました。今度はいよいよその当たり前という泥の中から、光る原石を見付けていきますよ！

見付ける方法ももちろん簡単。しかもこれをやっているときは結構ワクワクします。僕自身もこの方法で自分自身を改めて知ったのですが、当たり前の中から原石が見付けかったときは「ちょっとちょっと、自分の強みってコレじゃないのー⁉」ってテンション上がりました（笑）。

その光る原石を見付ける方法とは……、

自分自身について振り返る3つの簡単な質問をしてみることです。

この3つの質問は、言ってみれば、泥から原石を見付ける「ふるい」と同じ役割。質問を進めるごとに無限にあったはずの当たり前の中から、キラキラするものだけが残りはじめます。

質問1：あなたは家族や友達・お客さんから、よく何といって褒められますか？　どんなことを感謝されますか？

あなたの強みは既に足元に落ちているもの。ということは、あなたは既にその強みや魅力によって周りから感謝されたり、褒められたりしているはずです。しかも一度や二度なんかじゃないくらい。

一度時間をとって自分の過去を振り返ってみてください。仕事をはじめてから、お客さんや上司に言われたこと、学生時代に友達に言われたこと、小さいときから親や兄弟に言われていることなどです。

ここでは、別に直接営業の仕事に関係していなくても問題ありません。「説明が分かりやすい」とか「ちゃんと話を聞いてくれる」みたいなものでもいいですし、「パソコンに詳しい」や「ノートをまとめるのが上手い」なんてことでも全然ＯＫです。とにかく自分自身を振り返って、どんなことで評価されていたかを洗い出してみてください。

まずは多ければ多いほどいいので、厳しく選別せずに思いついたものからどんどんリストアップしていくといいですね。

質問２：１の答えの中で、あなたがいつも当たり前のように意識していることはなんですか？

あなたが褒められたことも、大きく２つに分けることができます。一つは、たまたま上手く行ったことで、あなた自身も驚きの体験だったこと。そして二つ目は、あなたにはそうすることが当たり前だから、褒められるとちょっとむずがゆいこと。だいたいこの二つに分類できます。

ここでは、１つ目のイレギュラーな体験を外して、２つ目の当たり前のことだけを選別してください。

質問3：2の答えに共通する思いや感情ってどんなもの？

さて、いよいよ最後です。ここまでくると両手で数えられるくらいまで減っているんじゃないかなと思います。

僕自身も最後に残ったのは3つでした。そして、**この最後の質問で、ここまで勝ち残ったあなたにとっての「強み」の関連性を見付けます。この関連性で見えるものこそが、あなた本来の魅力であり、目指す方向性になります。**

例えば、当時の僕自身が最後に残った3つの「強み」は、

1.「パソコンに詳しい」

2.「実直だよね」（「素直だよね」ではない。人見知りで口下手だったから）

3.「話を聞いてくれる」

この3つをよく、お客さんに言われていました。

一見関連性がないように見えるこの3つでも、こんな見方をすると関連性があったん

です。
「パソコンに詳しい」≠「自分の得意なことで相手の役に立ちたい」。
「実直だ」≠「相手と長く付き合うために、嘘をつきたくない」。
「話を聞いてくれる」≠「長く付き合うために、相手のことをよく知りたい」。

つまり僕には「人と付き合うときは、長く付き合いたいし、自分が持っている能力で相手の役に立ちたい」という感情があったんです。

そして後で詳しく取り上げますが、営業で全く成果が出ていなかった当時の僕は、このキーワードをもとに営業の方法を変えました。

「関わる人とは長く付き合うこと」「自分の持ち味で相手をハッピーにすること」そのために、僕は人よりちょっとだけ知識があった（ホントにちょっとだけ）パソコンという強みを生かして営業してみようと思ったのです。

自分がどんな感情を大切に生きていきたいのかが分かったことで、それまでの重苦しいココロがスーッと軽くなったことを覚えています。

そして、それから成果がどんどんついてき始めました。

強みを知れば周りの雑音が気にならなくなる

自分の「強み」っていうのは、自分の成長とともに変化する場合もあります。でも、根本の感情はいつまでたっても変わらないものだと僕は思います。

だから、自分の中心にある想いが明確になることで、一気に仕事が楽しくなりますよ。

そして、強みが分かることで自分に自信が持てるようになって、今までは言いなりになるしかなかった〝周りの変な教え〟なんて、どうでもよくなります。

まずはしっかり時間をとって、この3つの質問と向き合ってみてください。僕自身はお風呂がリラックスできるので、最初はそこで振り返りました。

1つ目の質問で答えがいろいろ出てくると思うので、ノートに書き出すことをおすすめします。

そして最後に、すごく重要なことをお伝えます。

あなたは、あなたが思っているほど何もできない人なんかじゃないんです。この作業で見付かったことは、あなたには「えっ、こんなことが強みなの？」って疑いたくなる内容かもしれません。

でも周りに褒められるということは、周りの人にとっては当たり前じゃないということ。**それこそがあなたの強みなんです。**

試しにお友達のスゴイと思うところを褒めてあげてみてください。きっとこう言うと思いますよ。「えっ？　別に普通じゃない？」って（笑）。

05 相手に「断られなくなる」たった3つの簡単な方法

営業で断られる状況から脱出できる!?

ここでのテーマは「営業で断られなくなる方法」です。

いきなりですが、ちょっと質問させてください。

どうして、営業が苦手な人は断られることが多いと思いますか？　逆にどうして、デキる営業マンは断られることが少ないと思いますか？

営業をしていると見込み客に断られることは日常茶飯事。でも「断られる」って気分のいいものじゃないですよね。

サービスや商品について断られているのは分かっているけど、どこか自分自身が否定

されているようでヘコんでしまうもの。これは「営業が嫌だ」という人の最も大きな理由の一つでもあります。

もし、そんな理由と解決策を知ることができたら、今よりもっと営業で成果が出せると思いませんか？　**実は、営業で断られるのにはちゃんと理由があるんです。**その理由が分かれば、毎回断られる状況から脱出することができます。

ここでは、その方法について紹介していきます。

「断られる営業」と「断られない営業」の決定的な違い

「なんで、自分は断られるのに、周りの先輩とかは売れているんだろう？」
「なにがそんなに違うんだろう？」

営業で成果が出ないときに感じる、あるあるな疑問。なかなか自分では答えが見えない疑問ですが、見込み客に断られるのにはちゃんと理由があります。

たまたまいつも自分だけ断られているわけじゃありません。そしてその断られる理由は基本的に毎回以下のどれかが多いです。

・あなたのセールス（サービス）が気に入らない。
・あなたのセールス（サービス）に必要性を感じない。
・あなたのセールス（サービス）に魅力を感じない。

こうやって文字で見るとちょっと、グサッとささりますよね。ここで言うセールスとは、いわゆる『売り込み』のプロセスだと捉えてください。

さて、では何が問題なのでしょうか？　営業をやっていれば誰にでも当てはまりそうな理由ですよね。

答えをお話しする前に、先にデキる営業マンがすんなりモノが売れる理由を紹介しておきます。

デキる営業マンが売れる理由はというと……。

・この人と付き合っているとプラスになりそう。

・この人に任せておけば問題を全部解決してくれそう。
・この人なら長く付き合えそう。

ここで注目してほしいのは、理由の中に「セールス」がないこと。意外かもしれませんが「断られる営業」と「断られない営業」の差はセールスの能力の差ではないということです。

つまり営業でモノがすんなり売れる人は、セールスが上手くて成果が出ているわけではないということです。

じゃぁ、この理由の差って一体なんなの？

それは……。

・成果が出ない人は、目先の商品を売るためにセールスする。
・成果が出る人は、目先の商品ではなく自分との未来を売る。

この違いなんです。**簡単にいうと『売り込み』をしなくてもモノは売れるということです。**これは、まさにあなたのように営業で断られるのが嫌だという人にとって超朗報なんです。

なぜかというと……。

今は〝不本意なことをさせられてる〟状態。やりたくもない「売り込み」をして相手から否定されるって……、かなりヘコみますよね？

それって見方を変えると「上辺だけじゃなく、ちゃんと付き合いたい」という気持ちの裏返しじゃないですか？　だからあなたのように「営業で断られるのが嫌」という人は、デキる人の営業手法がぴったりハマるはずなんです！

得意なやり方で、クレームもなくせる

顧客と長く付き合うために必要なこと。**それは〝売り込み〟をしないこと。**

断られる人はみんな自分の商品を売り込んじゃっています。だから相手に嫌がられて断られる。これってかなり皮肉ですよねぇ？　商品を売るために止むを得ずにやっている「売り込み」という行動が、逆に断られる原因になっているなんて……。

ではどうすれば売り込みをせずに「断られない営業」を実現できるのかというと、まずは営業の考え方をこんな風に変えてみると分かりやすいです。

自分の商品に相手の〝欲しい〟を無理矢理結びつけるのではなく、相手の抱えている〝課題やストレス〟を聞き出して、その解決方法を提供する。

あなたの都合で無理に相手を説得しようとしても商品は売れません。たとえ売れたとしても、相手には「まんまと売り込まれた〜」という気持ちが消えないもの。だから商品やサービスにちょっとでも不満があると「それ見たことか！」と烈火のごとくクレームが入り、あなたのテンションは、ダダ下がりになります。

でも逆に、相手のことを深く知ろうとすると、話は変わってきます。見込み客自身が、自分が抱えている課題やストレスを改めて自覚してくれるんです。

そんなときにあなたが、問題の解決策を提供すれば、相手は自分のほうから「詳しく聞かせてほしい」と、まさかの嬉しい展開になったりします。

ここでのポイントは「売り込もう」としないで「相手の役に立ちたい」という姿勢でいることとです。

そもそも「相手としっかり付き合いたい」という想いのあなたには、むしろしっくり来るやり方のはずです。**相手を「やり込めよう」とか「丸め込もう」という気持ちは相手に見透かされます。**

同じように相手に「尽くそう」とする姿勢も相手の心にジワーッと染み込んでいくのです。

実は簡単！　断られない営業はこうやって準備する

商談のときに、相手の抱えている課題やストレスだけじゃなく、できるだけ多くの情報を手に入れることは「断られない営業」を実現する重要な鍵になります。

一見、めちゃくちゃハードルが高そうな話に聞こえますが、実はそうでもありません。相手の情報を聞き出すのにも、効果的な方法がちゃんとあるので、それを紹介します。

1．心から知りたいという姿勢で質問する

これは、具体的な方法の前段階ですが最も重要なポイント！　人のココロを動かすのは同じように人のココロです。上辺だけの質問をされて喜ぶ人なんてほとんどいないですよね？　でも自分に敬意を持ってくれて、ココロから知りたいと思ってくれている人には、自然と話をしたくなるものです。

でももし、あなたが相手のことをココロから知りたいと思えないなら……、どうしましょうか？

それは簡単。無理に追わなきゃいいのです。ココロから向き合えない相手と我慢して付き合っても、いいことないですからね。この辺りの相手との向き合い方については後に詳しく解説しますので安心してください。

2．4つのポイントを中心に情報を聞き出す

これから紹介する4つの質問を中心に話を進めると、断られない営業に必要な情報を

スムーズに手に入れることができます。

この4つの質問は僕自身が今でも毎回使っているものです。いつもこの質問を中心に初めての相手と会話をはじめることで、大事な情報を無理なく聞き出し、逆オファーをたくさんいただいています。

1つ目の質問：今どんなことでストレスを抱えているか？

相手が今何に悩んでいるのかを最初に聞き出します。この情報を知らなければ何も始まりません。僕自身、最初の頃はここをスッ飛ばして営業をしたことで、悲しい結末にまっしぐらでした……。

よりスムーズに相手の悩みなどを聞き出すためにも、あなたの商品にマッチするように言い回しを調整した方が伝わりやすいです。

例えば、僕は「企業の求人に関するお手伝い」もするのですが、そのときを例にすると……。

「今は、求人活動でどんな問題がありますか？」

などという感じです。

2つ目の質問：問題を解決すると、どんなことができるようになるか？

先ほども触れましたが、営業で知っておくべき大事なことは、「相手は目の前の問題を解決したいわけじゃない」ということ。顧客の望みは「希望の未来にたどり着くこと」です。

だから、そのゴールが何なのかを共有することはものすごく大事なんです。

例えば「人材が集まったらどんな問題が解決するんですか？」もしくは「人が集まったら何かやりたいことがありますか？」

といった感じです。

3つ目の質問：1の問題を解決するために今までどんなことをしたか？

おそらく、相手は問題を解決するために今までにも何かしらトライしたことがあるはずです。あなたにとってはライバルともいえる他の選択肢を知っておくことで、相手の求めることがより深く理解できるようになります。

例えば「その問題を解決するために、今までどんなことを実践してみましたか？」

こうした質問をしてみましょう。

4つ目：その結果どうだったか？

もし、何かしらトライしたことがあるのであれば、その結果がどうだったのかをちゃんと聞いておきましょう。

結果だけではなく、何が不満だったか、何がよかったのか。このあたりを聞いておくと、相手が問題解決するために〝正解だと思い込んでいる〟間違いや勘違いなんかも知ることができます。

例えば「それで、結果はどうでしたか？」「何が問題だったんでしょうね？」「どうすればよかったと思いますか？」

といった感じで質問してみてください。

3．質問の答えから情報を掘り下げる

質問をするときに注意するのは、回答が来たら「はいそうですか」と次の質問に簡単

に移らないことです。基本的に一つ目の回答では、浅い答えしか返ってこないことがほとんどです。

だから、あなたが知りたいという気持ちのままに「ということは？」「具体的に言うとどんなことですか？」といったように、質問の答えを深掘りし続けてみてください。

こちらから相手の答えを深く掘ってあげることで、相手の答えがどんどん明確になります。そして相手自身も気付かなかった本心や本当の悩みにたどり着くことがよくあるのです。

「こうやって聞かれたのは初めてだから、逆に自分の考えがまとまってよかったよ！」

こんな嬉しい言葉をもらえるようになったら、かなりの上級者ですね。

考え方を変えるだけでストレスも激減

もう一度繰り返しますが、**自分の商品に相手の〝欲しい〟を無理矢理結びつけるので**

はなく、相手の抱えている〝課題やストレス〟を聞き出して、その解決方法を提供する。

こう考え方をシフトするだけでも、今まで感じていたストレスがだいぶ軽くなるはずです。そして、相手とココロから向き合う。そんな気持ちになれないなら無理に追わない。まずはココロから知りたいと思える人に、このやり方を実践してみてください。決してあなたにとって実現不可能な方法じゃないはずです。そして、想像していたよりも相手と「繋がれた感」が得られるでしょう。

こうして、いよいよあなた本来のココロで向き合う営業の第一歩を踏み出しましょう。

06 「いい人キャラ」を演じなくても、モノが売れる人になる方法

「相手に好かれるため」にキャラを演じるのは逆効果！

すべては営業で成果を出すため。まずは相手に気に入られて人並みの結果を出したい……。そう思って、本来の素の自分は奥にしまっておく。仕事モードに切り替えて、相手に気に入られそうな、本来の自分とは別人を演じてみる。

よくありがちな光景。だけど実はこうすると、望む成果からは逆に遠ざかってしまいます。相手に好かれる可能性は、まさにダダ下がりになってしまうのです。たとえ気に入られたとしても、ウソの自分だから遅かれ早かれだんだんキャラのつじつまが合わなくなっていくもの。こういうのってホント疲れますよね？

だから営業がぜんぜん好きになれない。

というわけで、そろそろ別人を演じて営業するのは終わりにしませんか？

もちろんやめるだけじゃなくて、あなた本来の強みを活かしてどんどん成果が出せる方法に切り替えちゃいませんか？　ここでは、その方法をシェアしますね。

「とりあえず」でやってしまった別人キャラから抜け出す方法

そもそもどうして、僕たちは仕事をするときに自分ではない別人を演じてしまうのでしょう？　さっきもお話ししたように、もちろん相手に気に入られるためであり、相手に興味をもってもらうためですよね。

僕自身もかなりの人見知りなので、最初は自分でも引くぐらいの「底抜けに明るいキャラ」を演じていました。もちろん、そこには違和感しかないし、それが嫌で嫌でめちゃめちゃストレスの日々。しかも、演じているくせに成果も出ない。「なんだこの状況は？」っていつも謎な状態でした（苦笑）。

ではここで、キャラを演じる理由についてちょっと見方を変えてみましょう。
この問題を別の角度から見てみるとこんな捉え方もできませんか？

・どうすれば相手に気に入られるか分からない……。
・どうすれば自分や商品に興味を持ってもらえるか分からない……。
・おそらく素の自分では、いろいろ足りてないから受け入れてもらえないと思う……。

こういう見方もできますよね。こんな状態からのスタートだから、とりあえず「それっぽいキャラ」を演じてみるわけです。

でもこれって裏を返せば、自分や商品に興味を持ってもらうやり方が分かれば解決できるってことですよね。しかも、キャラを演じるんじゃなくて「自分本来の強み」を活かしてそれが実現できたとしたら、それは最高なことです。

そんなウソみたいな解決方法が……、あります。

僕もこの方法を見付けてからというもの、事態が大きく変わりました。別人を演じる必要もなくなって、人見知り感が残る「素の自分」でどんどん成果を出せるようになりました。

そのウソみたいな解決方法とは、「ベネフィット」を見付けることです。

ベネフィットさえ分かれば、営業なんて怖くない！

「ベネフィット」っていうのは、僕たち自身や僕たちが提供する商品によって、相手が手に入れることができる「より豊かな未来」のことを言います。

ニュアンス的にはメリットに近いけど、目先の得よりももっと大きな利益になります。

例えば……。

あなたはスマホを販売しているとします。そこにスマホが古くなって、バッテリーが半日しか持たない。そんな悩みを持っている見込み客が来店したとしたら。

あなたが提供できるベネフィットは、「1日余裕で持つバッテリー」。

ではなくて、そこからさらに掘り下げてバッテリーが1日もつとどんな「豊かな未来」になるかを考えます。

この場合だと……。

- **わざわざ重い外付けバッテリーを持ち歩かなくていいので、通勤が超楽になる！**
- **電源があるお店を選ばなくていいので、おしゃれな喫茶店を満喫できるようになる！**

こんな感じのベネフィットがいくつか出てくると思います。

3つの手順だけでできるベネフィット探し

ベネフィットの見付け方はとてもシンプル。今までの話のおさらいも含めて、3つの手順で導き出すことができます。

手順1：「自分の強み」を導き出す

a．お客さんや家族・友達からいつもほめられたり感謝されたりすることを書き出す。
b．その中で意識していることだったり、特にうれしいことに○をつける。
c．○の内容は、どんな仕事やサービスを提供しているときに特に評価されているかを書き出す。

ここまででもいいのですが、できるならもう一つ。

d．その中で、特に競合他社や周りが力を入れていなかったり、手薄なサービスがあれば○をつける。

もしここまでの条件を通過できる答えがあるなら、それはめちゃくちゃ強力な武器です。もちろん、今の段階ではここまでの内容が見つからなくても大丈夫。

この本を読み進めていく中で、その方法も後で紹介していくのでお楽しみに。

さて、ここで残った答えがあなたの「暫定的な強み」になります。なぜ暫定的なのかというと、これから行動するようになると、どんどん答えが狭まってくるからです。

強みは一回決まればそれで終わりではなく、どんどん研ぎ澄まされるもの。強みがとがればとがるほど、あなたの存在が人の心に突き刺さりやすくなり記憶に残りやすくなります。

手順2：「相手が抱えている悩みやストレス」を導き出す

相手が今何で悩んでいるのかを聞き出します。もちろん、初対面の相手に「ちょっとすいません。今何で悩んでいますか？」なんて聞くのは、鋼のハートでもないと無理。なので、ここでは既存客で話が聞けそうな人に質問してみてください。

Q１．あなたの商品を使う前はどんな問題を抱えていたのか？

（時間がかかる、手間がかかる、複雑でわかりづらい、など）

Q２．その悩みはどうして解決できずにいたのか？

（望んだ機能が付いていない、他に安い商品を知らない、他のお店を知らない、など）

Q3．実際に（あなた）の商品を使ってみて、どう変化があったか？
（周りに喜ばれるようになった、時間が短縮できた、新しい企画が生まれた、など）

手順3：手順1と2を照らし合わせて、あなたが提供できるベネフィットを明確にする

ここまで来たら情報が出揃っているので、次の2つの条件を満たす項目を見付けます。

a．あなたの商品にできて、周り（競合）ができていないこと。
b．相手（お客さん）の問題解決の役に立っていること。

これで見つかった要素が相手に提供できるベネフィットということになります。こうなれば、あなたがすべきことは、これらのベネフィットがハマりそうな人を探す気持ちで行動すればいいだけ！

前から話してるように、「生理的に無理」とか「超感じ悪いですけど」みたいな人とは付き合わなくていいです。なぜなら、そんな人と一緒に「豊かな未来」には到達できないでしょ？　というか行きたくないはず。

コレに気をつけないと水の泡！　ベネフィットを見付けるときの注意点

この手順に沿って進めるだけでベネフィットが明確になりますが、知っておきたい注意点があります。それは、「相手によってベネフィットの答えは全然違う」ということ。

先ほどの、バッテリーがもたなくてスマホを買い替えたい人の話……。

相手にとって何がベネフィットになるかは、バッテリーが1日もたないことでどんなストレスを感じているか？　その問題がなかったら、どんなことがしたいのか？　このあたりをちゃんと聞き出す必要があります。それは、

・「重い外付けバッテリーを持ち歩くのが億劫《おっくう》」かもしれない。
・「YouTube」をちょっと見ただけで、すぐ電池切れになるかもしれない。
・「電池が切れて電話に出られないと、上司がブチ切れる」かもしれない（笑）。

このように、ひと言で長持ちするスマホといっても、感じている問題が違えばベネフィットも全然違います。そのあたりを意識しながらベネフィットを探っていきましょう。

どんどん薄れる余計なプレッシャーや苦手意識

こうやって、相手が何を求めているのかを「知る術《すべ》」を持っていれば、営業への苦手意識はだいぶなくなりますよね？

営業だけじゃなくて、生活するうえで僕たちが感じるストレスって、ほとんどが「自分じゃコントロールできないこと」か「先行きが見えないこと」が原因。

こうやって面談にのぞむことで、「相手が目指すゴール」「相手が直面する障害」「自分が提供できるベネフィット（解決策）」が分かるから、先の見通しが立つようになる。よって変なプレッシャーから解放されていきます。

07 「嫌な人」と付き合わずに、営業で成果を出す方法を知ろう

営業だからって嫌な人とも付き合う必要はない！

ここでは、営業が苦手と思っているあなたのイメージをガラッと変える話をしたいと思います。僕自身が全国で営業の研修をしていく中でも、このテーマを話すときは参加者の顔付きが特に変わることが多いです。**それほど営業の仕方や考え方が大きく変わって、思い描いた成果を出すきっかけになっています。**

おそらく営業が苦手だと思っているあなたは、営業に対してこんなイメージを持っていませんか？

「営業＝嫌な人とも付き合わなきゃいけない」

上司や先輩にも「営業はそういうものだから」って教えられたりすることも多いと思います。もちろん、この考え方を否定する気はないです。なかには嫌な人と話すときでも、会話を右から左にスーッて受け流す特殊能力の持ち主っていますからね（笑）。

でも安心して下さい。そんなことしなくても、営業で成果はあげられますよ。

あなたは嫌いな人のために生きているかも⁉

仕事だからと割り切って、好きでもない、生理的に無理な人とも我慢して付き合わないといけない……。

でもこんなことをしていると、知らず知らずのうちに自分の生活が「嫌いな人中心」になっていくんですよ。

言ってみれば、嫌いな人のために生きている感じです。

僕なんかは人見知りだから、相手に合わせるのが特に苦手。今でもよくその気がなくても「さっき、つまんなかったんでしょ、顔に思いっきり出てたよ」って周りに指摘されるくらい（苦笑）。

それでも、営業を始めた当時は仕事と割り切る努力もしてみました。「話したいスイッチ」が全く入らないぐらい、感じ悪い人とも我慢してお付き合いしていました。

でもそんな人と関わっていると、待ちに待った休日ですら「あぁ、明日あの人に会いたくないなぁ……」「なんであの人はいつも、あんな言い方してくるんだろう……」って、気付くと嫌な人のことばっかり考えていました。

あなたにもこんな経験はないですか？　もしかしたら今も現在進行形かもしれない。**認めたくないけど、嫌いな人と無理矢理付き合っていると、自分の人生がその人で埋め尽くされていく。なんとも悲劇。しんどいですよね。**

そんなあなたに、激烈に伝えたいんです。この悲劇って実は抜け出せるんです！　ホントに。

しかも早ければ今すぐに。我慢なんかしなくてもよかったというより、むしろ、

「営業＝自分が好きな人の役に立つだけ」

こっちの考え方の方が、成果がすぐに出せるんです。

全員に好かれるなんて無理！　だからやらなくていい

実は、営業で成果を出したいなら、嫌いな人と無理に付き合うのをやめた方がいい。

「えぇぇ!?　じゃぁ、今までの悶々とした日々はなんだったのぉ？？？」

そう思いますよねぇ。ほんと何だったんでしょうね（笑）。

「お客さまは神さま」なんて気持ちでやっていると、いつしか自分が「奴隷」みたいになるだけ。同じ人間として、「関わる相手の役に立ちたい」という気持ちで仕事すべき。

とはいえ、いくら相手の役に立ちたいという気持ちで活動していても、全員に好かれるのは無茶ってもの。だって、相性っていうものがありますからね。

「はい!?　相性なんて気にして営業なんかやってて大丈夫なの？」

そう思いますよね？
いいんです！
むしろその方が、いいんです！

では、今からそれを証明していこうじゃないですか！

相性で選んでも営業が成り立つ「4ステップ計算法」

Q.好きな人とだけ、相性がいい人とだけ付き合っていても営業で成果は出せるのか？

さて、このステキな疑問を紐解いていきましょう。やり方は簡単。小学生レベルの算数で答えを証明できます。数字が出てきたからって、読むのをやめないでくださいね。すごく簡単だし、電卓もあるし。なにより、今までのストレスとはさよならできる大事な発見が待っていますから！

ステップ1：あなたが会うことができる見込み客の数を書き出す

営業をしていると、自分が担当しているエリアなどの顧客リストや訪問先リストがありますよね。そのリストの数字を使ってＯＫです。
例えば、訪問先が一つでも窓口になる人、担当になる人が複数いれば、それぞれをカウントしてください。

例：自分が担当しているエリアの訪問可能リストが２００件の場合は、そのまま２００と書く。

ステップ２：達成したい目標の数値を書き出す。

ここでいう目標の数値とは、あなたの業種によって違ってくると思います。

例えば、
ＯＡ機器の販売であれば、売上金額か契約件数かもしれません。
ショップの販売員であれば、売り上げ金額など。

介護施設やカルチャー教室などは、申し込み件数。

例：自分の目標が申し込み件数で20件の場合は、20と書く。

ステップ3：ステップ2の数値を達成するのに必要なお客さまの数は？

ステップ2で書いた目標を達成するのに、何人のお客さまを獲得すればいいかを計算します。

目標が売り上げの場合は、大体の数値を導き出す必要があります。

目標が申し込み件数の場合は、そのままステップ2と同じ答えになります。

ただ、保険プランとか同じお客さんが複数の申し込みが可能なサービスなら、ステップ2の数字より少なくなるはずですね。

例：目標件数が20件で、1人のお客さんが平均2件申し込みをする場合は、答えは10になる。

ステップ4：ステップ1の数をステップ3の数で割り算する

ここは簡単。電卓でステップ1の数字割るステップ3の数字を出せば簡単に答えは出てきます。

例：訪問リストが200件あって、必要な見込み客が10人の場合は、200÷10の計算になるので答えは20となる。

出ました？　簡単だったでしょ？

たぶん答えは10～50の間くらいじゃないかと思います。この数字が、あなたが自分のスタイルで営業していくうえで重要なキーワード。**この数字こそが、僕たちを今までのストレスから解放してくれます。**

この数字が意味するもの……、それは、

あなたの「話したいスイッチ」が入る人に出会うまでに断られてもいい人の数。

だから、この数字が20の場合は、20人会う中でたった1人あなたの話したいと思うスイッチが入る人を見付ければいいだけ。言ってみれば、クラスに1人か2人友だちがいればいいって話。そのくらいだったら出会えそうな気がしませんか？

なので、もし1日に5件くらい訪問営業している場合、20件回るのに4日かかることになるので、あなたは4日間にたった1人、自分に合う人を見付ければいいだけ！

おそらく今まであなたは、「1日に1人」くらいは見付けないとダメって思い込んでいなかったですか？　この思い込みが、あなたの営業のイメージやモチベーションを下げる負の連鎖を生み出していたというわけです。

営業はひと握りのお客さんだけ狙い撃ちでOK

この数字が証明してくれること、それは、営業はあなたが嫌だと思う人の顔色をうかがうことじゃない。本当に大事なことは、大勢いる見込み客の中で、ほんのひと握りの人の心に響く営業をしていくこと。

そこだけを狙い撃ちにしていけばそれでOK。

どうですか？　今までは全員に好かれるのが無理だと分かっていても、この数字に比べたらかなり多くの人に気に入られようとしていたんじゃないかなと思います。

この間違った認識がストレスを生み続けるし、営業という仕事をつまらない仕事にしていた元凶だったんですね。

もちろん、気に入らない人はすべて邪険に接していいというわけじゃないですよ。誰に対してもリスペクト（敬意）を持って接するべきだけれど、無理に自分を偽ってまで深追いする必要はないってことです。

そうなると、今までの自分のやり方ってガラッと変わってくるんじゃないかと思います。好きな人に心から響く言葉を選んだり、話のきっかけを考えてみたり改善することがきっと出てきますよね？

08 最初の難関『オープニングトーク』は簡単な4ステップで攻略

完全アウェイな修羅場を、簡単に突破できる方法⁉

営業が苦手な人が、一番嫌だと感じる場面って、どの部分だと思いますか？

これは、多分みんな同じ場面だと思います。それは……、**「出会って一番最初、完全アウェイの雰囲気を一体どうすれば突破できるのか分からないこと」**


「とりあえず、教えられた商品の特徴を伝えなくては」。そう思って覚悟を決めて喋ろうとはします。

しかし……、そんなときに営業が苦手な人には〝勝手に発動してしまう〟特殊能力がありますよね。

それが、

1．自信がないから、相手に反論されるのが怖くて早口になる。

2．相手に突っ込む隙を与えないために、なるべく息継ぎせずに一気に話しきる。

昔の僕も、この能力者でした。相手の前で大きく息を吸ったら、

「あの、えっと。ウチの商品はこんなに素晴らしくて、それであんなこともできて、えーと、それとこんなコトももちろんできます！　あそうだ、こういうこともありませんので心配いりません（ふぅ、なんとか、突っ込まれずに言い切れた……）」みたいな感じで。

『とりあえず全部言いきれば、もしかしたら奇跡で買ってくれるかも……。でも途中でツッコまれたら絶対買ってもらえない。だからお願い！　最後まで言わせてー』って思っていましたね（笑）。

もちろん、全部言い切ったところで売れることはなかったですけど……。

きっと営業が苦手と感じているあなたなら、似た経験があるはず。ここでは、このド

頭の完全アウェイな修羅場を簡単に突破できる方法を紹介します。

相手に響くオープニングトークで突破する

そもそも、なぜ僕たちがそのアウェイな雰囲気をいつも突破できずにいたのかというと……、

実は、自分たちで事態をややこしくしていただけなんです。「ひと息で自分のセリフを言い切る」。

この行動が逆によくない。

一方的な説明になっちゃうことで会話が生まれない。会話が生まれないことで、お互いを知る機会を潰してしまっている。

この負の連鎖が起きていたというわけです。

とはいえですよ、営業が苦手なのに、自分から会話をリードするなんてできっこないですよね？　**でも安心してください。実は、そんな口下手なあなたでも、自然と会話が生まれるようなトークを組み立てる方法があるんです。**

この最初の場面を突破する「オープニングトーク」を用意できれば、もはや変な能力も発動しなくなります。

実際に使っていたオープニングトークの例

ここで、僕が実際に使っていたオープニングトークを紹介します。

トークの相手は先輩社員も行かないクレーム客や、はるか昔に疎遠になった顧客リストの相手です。まぁ新規客とほぼ同じですねこれは。といっても当時の僕が与えられた唯一の顧客リストです（苦笑）。

提案する商品は、パソコンのウィルスやハッキング対策のセキュリティ装置です。当時は認知度がすごく低くて、必要性も感じてもらいにくい商品でした。ただ徐々にコンピューターウィルスが流行り出して、パソコンがクラッシュする事例が出はじめた頃でもあったんです。

そのあたりの動向とお客さんの現状を結びつけながら、こんな感じのオープニングトークをしていました……。

僕　**「こんにちは○○の中尾です。お世話さまです！」**

A社　「あぁ、はい」（疎遠な顧客リストなので当然テンションは低い）

僕　**「最近コンピューターウィルスの被害が流行っているみたいで、ウチのお客さんでも結構被害が増えているんですが、A社さんのところは大丈夫ですか？　例えば処理スピードが遅くなったり、ネットに繋がらなくなったりとか、迷惑メールが一気に増えたりとかないですか？」**

A社　「あぁ、迷惑メールとかはすごく多いよ」（当たり前の質問なのでとりあえず答えてくれる）

僕　**「おぉ、やっぱり迷惑メールあるんですね。それっていつぐらいからですか？」**

A社　「そういえば、最近増えた気がするなぁ」（突っ込んだ質問につい答えてしまう）

僕　**「そうですよね、最近多いですよね。ウィルス対策ソフト入ってるのに、突然パソコンが立ち上がらないってお客さんもちらほら出始めてます」**

A社　「えっ？　ソフト入れてるのに？」（想像と違う話題に少し興味が出ちゃう）

僕　**「そうなんですよ、更新してなかったり期限切れてたりとかもあって。それで、ソフト以外にもセキュリティ対策をちゃんとするところが増えてます」**

A社　「たしかに、ウチも更新とか見てないかもなぁ」（いつのまにか話にのっている）
僕　**「そうですよねぇ。なのでこうやって一件一件回って無料でウィルスチェックさせていただいているんです。A社さんのパソコンもどれか一回チェックしてみましょうか？」**
A社　「いいの？　結構時間かかるの？」（とりあえず、悪いやつじゃなさそうと警戒を解く）
僕　**「いえいえ、あくまでも簡易的なチェックなので5分位ですかね」**
A社　「そうなんだ、じゃぁ、お願いしようかな」

こんな感じでオープニングを突破して、サービスを導入してもらっていました。「なーんだ、こんなトーク普通じゃん！」。多分そう思ってますよね。あまり、想像を超えない感じの流れに感じるかもしれませんが、**実はココには相手の心の扉を〝無理なく開ける〟ための仕掛けがちりばめられているんですよ。**

だから、一見「ザ・普通」に見えるこのトークは効果テキメンで、オープニングを突破した見込み客の成約率は8割を超えていました。そう言われると、この次もどうやって契約につなげるのか気になりますよね？

もちろん、その組み立て方も後々ご紹介しますので安心してください！

オープニングトークのつくり方には手順がある

このオープニングトークは、あるルールに則って作成したものです。なので、商品が変わったり、別のタイプの見込み客になれば当然、別バージョンのトークを用意します。

全部手順に沿って組み立てているので、簡単にいろんなバージョンをつくることができます。ただし、この強力なトークをつくるには、あらかじめ手に入れるべき情報があります。これがないと相手の心を揺さぶるトークをつくるのはまず無理。

その手に入れるべき情報というのが……、

1．相手の悩みやストレス

2．あなた（自社）の強み

3．他社とどう違うのか？

この3つが必要です。「あれ？　この言葉？」どこかで見たような気がしますよね。

そうです、実はこれまでのお話でこの3つの情報を知る方法を既にあなたは手に入れています！　もし、まだこの部分が頭に入っていない人は、ぜひ読み返してみてください。

これから紹介する相手に響くトークのつくり方が簡単に実践できるようになるはずです。

4ステップでできる！　相手に響くオープニングトークのつくり方

さて、それでは早速、「望んだ相手」の心に響くオープニングトークのつくり方を紹介します。できたらノートを取りながらやると、案外すんなりできあがっちゃうかもしれませんよ。

オープニングトークには以下のような基本の枠があります。

1．こんにちは、（自己紹介）です。

2．（相手の悩み）を（こんな解決策で解消）しています。

3．しかも（他との違い）なので（独自の強み）をすることができます。

4．なので（相手にも必要なもの・ほしいもの）だと思いませんか？

この基本トークをつくりあげてあなたに合った話し方にアレンジしていくと、いい感じのオープニングトークができあがります。

僕の実例もこのトークを自分の話し方にアレンジしたもので、中身は同じです。

さぁ、それでは４つのステップでこれらの枠を埋める情報を導き出していきましょう。

ステップ1．簡潔に相手の頭の中にある言葉で名を名乗る

a．あなたの仕事やポジションについて、相手はどんな言葉で認識しているか？

相手が社名を知っているなら、それでもＯＫです。難しい横文字の肩書や長ったらしい紹介は不要です。

b. その言葉にどんなスパイスを足したら、あなたを際立たせられるか？

◯◯専門のとか、△△地域に特化している、なんてことが言えるとイメージがつきやすいです。

ステップ2. 相手の悩みに合わせた解決策を提示できることを伝える

a. 相手の悩みは何か？

相手が今何に悩んでいるか、どんなストレスを抱えているかを書き出す。

例：迷惑メールが多くて本当に必要なメールが埋もれる。

b. あなたの商品やサービスでその悩みをどのように解決できるか？

ただのサービス名じゃなくて、解決した後のよりよい状態についても書きます。

例：そもそも迷惑メールをＰＣに到達させないので、必要なメールだけ受信できる。

ステップ3．あなたのサービスが他とどう違うのかを明確にする

a．相手はいままで、悩みを解決するためにどんなことにトライしてみたか？

いままで試した他社のサービスや、あるある な間違った思い込みを洗い出します。

例：ウィルス対策ソフトをインストールしているから大丈夫だと思っている。

b．なぜその解決策ではうまく行かなかったのか？

他社サービスの弱点や、相手が面倒だと思っている点を考える。

例：プログラムを更新していなかったり、そもそもインストールしていないPCもちらほらある。

c．あなたのサービスは、その解決策と「どう違う」から効果があるのか？

他社と違うあなたのサービスの真の強みで、どんなよりよい未来になるかを書く。

例：社内ネットワークの大元にセキュリティ装置を設置して、自動更新でウィルスの感染を防ぐ。

ステップ4．相手が必要なもの・ほしいものを明確にする

a．あなたのサービスを試してみるには、どんなステップが必要か？

あなたのサービスを試してみるまでに、相手にとってほしい行動を洗い出す。

例：今のやり方では危険かもと感じてもらう→パソコンに触らせてもらう→ウィルスチェックをさせてもらう→管理体制の甘さを実感してもらう→今すぐに解決したいと思ってもらう。

b．そのステップの中で第一歩を踏み出すために何をすればいいか？

例：どれかＰＣ１台を試しに無料診断させてもらう。

この４つのステップでできた答えを、基本の４つの枠に当てはめると「オープニングトークの骨子」が整います。

あとは、この基本をベースに自分が話しやすいようにアレンジしていくと、わざとらしくない自然なオープニングトークのできあがり！

諦めのつくトークがストレスを減らしてくれる

もちろん魔法ではないので、**このトークが通じない人もいます。**でもそんなコト気にしないでください。ここであなたが120％の思いを込めてつくったトークが響かないときは、**気にせず次の見込み客のところに行けばいいだけ。**

このトークはそんな風に諦めのつくトークでもあるんですよね。

すでにお話ししましたが、営業マンは全員に好かれる必要なんてないんです。学校でいえば、クラスの中でたった1人か2人の心に響くトークをつくるだけで、あなたが望む成果は十分に出せますからね。

だから相手に響かなくてもストレスがたまらず、次に進むことができます。

さぁ、これで今まで一番イヤだった場面でストレスがなくなるだけじゃなく、望んだ成果がいよいよ出始めるようになります。次項ではこのような相手に響くトークをつくるときに、さらに効果を倍増させるためのコツを紹介するので、営業が苦手だと思っている方は、それまでしっかり復習しておいてくださいね！

09 「負け組」と「勝ち組」を分ける、たった1つのポイント

商品のクオリティよりも重要な条件がある!?

営業するときって、実は商品のクオリティよりも、ずっと重要な「ポイント」があるのを知っていますか? これを知らないでいると、どんなに頑張っても売上があがりません。

そして、**そのポイントを押さえているかいないかで「負け組」になるか、「勝ち組」に入るかがほぼ決まってしまいます。これ、怖いけどホントの話です。**

「えっ!? なにそれ……、てことは自分は負け組!?」

そう感じて人知れず白髪が一本増えてしまったあなた。大丈夫ですよ、心配しないで

ください！

逆に言えば、このポイントを知って、実践するだけでかなりの成果をあげることができます。**しかもそれを実践するには、技術も才能も必要ないし、もちろんお金も必要ありません。やり方さえ分かれば簡単に実践することができます。**

だから、もしもあなたが今……、

『同じ商品なのに、自分だけ全然売れない……』

『言われた通りにやっているのに、全然成果が出ない……』

そんなふうに毎日ストレスまみれで体に異常をきたし始めているのなら、今回の話は新しい処方箋になるかもしれません。

ちゃんと責任持って髪一本分黒くするくらいの内容にしますから（笑）。

自分の話を聞いてもらえない本当の原因

いきなり「ポイント」の話をする前に、最初にどうして今まで周りと同じように行動しているのに上手くいかなかったのか、その原因を明らかにしていきますね。

そのほうが、さらに理解が深まるので。

というわけで最初に質問です。

Q. あなたは、何かモノを買いたいと思っているときでも、店員の伝え方や態度で「買わない」という決断をしたことがありませんか?

例えば、今すぐパソコンが欲しくて家電屋に行ったのはいいけれど、担当したスタッフがこちらの意図を汲まずに強引に売ろうとするため『何こいつ? あんたからは絶対買わない!』と思って、わざわざ別の店に行って同じ商品を買ってしまう。

こういう経験はありませんか? 僕は結構あります。別の店のほうがちょっと値段が高かったとしても、スタッフの対応がよければ、そこで買ってしまいます。

これはどういうことかというと、人が何かを買ったりするときは、商品の質よりも前に接客している「あなた」を判断している「基準」があるってことです。

この基準っていうのが、いわゆる相手の「印象」です。

この、相手に与える「印象」こそが、あなたが突破すべき「最初の壁」というわけ。

だから、同じ商品やサービスでも、売る人によって成果にすごく差がでてしまうんですね。

いわゆる「負け組」になってしまっている人は、商品の特徴を上手く伝えられていないことが原因で、「負け組」になっているわけじゃありません。相手の「印象の壁」を突破できずに、そもそも話を聞いてもらえてないことが一番の原因というわけです。

ということは逆に言うと、たとえ営業が苦手だったり、人見知りのあなたでも相手の印象さえよくすれば、短期間で成果が出るようになるとも言えます。

印象を形成するパターンは大きく分けて2通り

では、その相手に与える「印象」って、どうやってできあがっていくと思いますか？

この答えさえ分かれば〝後出しジャンケン〟を仕掛けることができそうですよね？

印象を形成する2つの要素
1つ目は『話し方や見た目など、あなた自身に関する問題』
2つ目が『思い込みやイメージなど、相手の考え方に関する問題』

1.『話し方や見た目など、あなた自身に関する問題』

この問題に関しては、簡単に言うと

a．そもそもあなたの感じが悪い。
b．あなたが何を言っているのかよく分からない。

このどっちかですね。

「a」の「感じが悪い」は、言ってみればマナーや思いやりが足りてないということ。
本人は普通に対応しているつもりでも、桁違いにクレームが多い人って周りにいませんか？　おそらくそういう人は、この問題によって相手の印象を悪くしています。

「b」の「あなたが何を言っているのか分からない」は、相手と会って最初の話し始め、つまりオープニングトークがうまくできていないってこと。このオープニングトークの話し方については前項でやり方を紹介したので、あなたはもう大丈夫なはずです。

2.『思い込みやイメージなど相手の考え方に関する問題』

こちらの問題は少々やっかいな感じです。相手の考え方なんて、そう簡単に変えられる問題じゃないですよね？　ましてや初対面だったらなおさら無茶な話。そんな方法があるなら僕だって知りたいくらいです。

とはいえ、この相手の「考え方」や「思い込み」の問題を突破しないと、せっかくつくったオープニングトークも、簡単に弾き返されてしまいます。つまり相手の考え方を変えずに、あなたの話を聞いてもらえる方法が必要というわけです。そんな抜け穴が……、実はあるんです！

というわけで、まずは相手の「思い込み」と「イメージ」が一体どこからやってくるのかを明らかにして、その抜け穴をつくる方法を見付けましょう。

相手のイメージにハマった時点でアウト

そもそも「思い込み」や「イメージ」っていうのは、自分が今まで手に入れた「知識」と「経験」からつくられます。そして人は常に、コミュニケーションなどで情報を吸収するときは、その情報を今までの知識や経験と照らし合わせます。

あなたの話が「先日来た他社の営業マン」や「新聞や雑誌で見た情報」と似ていると判断された、その瞬間に『あぁ、またその話か……』と感じられて、相手の心は閉店ガラガラ、はいサヨナラです。

こうなっちゃったら、もう何を話してもムダ。あなたの存在は「ゴミ箱フォルダ」行き。ゴミ箱の中からいくら騒いでも相手の耳には届かないのです。

あなたが相手にとって「決して想像を超えない存在」でいる以上、相手のイメージにハメられてしまう……、ということです。ということは、やることは一つしかないですよね。**そう、「相手の想像を超えた存在になる!」**。これしかないんです。

相手の想像を超えるちょっとした工夫

「想像を超えた存在」と書くと、ものすごく大それたことのように感じちゃいますよね。要はアプローチの仕方が相手の「イメージ通り」じゃなければいい訳です。

伝えたいことが同じでも、伝え方がちょっと違うだけで、イメージはガラッと変わるものなんです。

イメージ通りじゃなかったことで、スル～ッと自分の心を突破されることって、実はちょくちょくありますよね。例えば簡単な例を挙げると、

『予告編とかＤＶＤのパッケージを新鮮に感じて借りたら、昔に観たヤツだった……』

こんな風に、中身は同じでもイメージの伝わり方がちょっと違うだけで「想像を超えた存在」に簡単になれてしまいます。

そして相手はいい「印象」を自動的に感じて、その情報を「新しい情報フォルダ」に割り振ります。

これが最初の「印象の壁」を突破する方法です。誤解がないように言っておきますが、これは**ウソをついて相手を騙せという話じゃないですからね。**

この本で何度も書いていますが、ウソをついたり、自分を偽って相手と付き合っても、後で必ずモメるだけです。ウソをつくなんて面倒くさいことしなくても、ここでの方法を正しく使えば相手の思い込みを突破することはできます。

10 実は「売れない営業マン」から脱却する簡単な方法がある!!

相手に○○と思われたら即ゲームオーバー

「周りと同じようにやっているのに、自分だけ売れない……」
これには、明確な理由がある！

前項では、この原因と解決策について紹介しました。簡単におさらいすると、

1. 商品の質よりも前に、相手はあなたを「印象」で勝手に仕分けする。
2. あなたの印象が「決して想像を超えない存在」ならこの時点で即アウト。ゲームオーバーです（売れない営業マンはこの段階で、はじき出される）。
3. 印象は相手の「思い込み」や「イメージ」というフィルターで決められる。
4. 相手の印象をよくするには、「他とは違う」と思わせる工夫が必要。

ざっと説明するとこんな感じです。

ここでは、その『他とは違う』と相手に感じてもらい「印象の壁」を突破する具体的な方法を紹介します。この方法を手に入れれば「自分だけ売れない」状態とはもうサヨナラです。

あ、もちろん「まずは瞑想を6時間してから徐々に特殊能力に目覚めましょう」とか、そういう話じゃないので安心してください。

もっと、現実的で、しかもすぐに実践できる内容だから大丈夫です。

まとめ方が違うと印象が全く変わる!?

基本的に僕たちは、自分が既に知っていることを「さも新しい情報」のように聞かされるのを嫌います。しかも、それが別に仲がよくもない、知らない営業マンからの情報だったらなおさらですよね。

『ちょいちょい、その程度の話でわざわざ近寄ってこないでよ』
『この前来た人と同じこと言ってるし。時間のムダだなー』
こんな風に「印象」は最悪です。**「他と同じ」と思われては次のステップに進めません。**

そこで、前項で紹介した例を思い出してみてください。相手の「思い込み」や「イメージ」をすり抜けて、興味を持たせるこんな話がありました。
『予告編とかＤＶＤのパッケージを〝新鮮に感じて〟借りたら、前に観たヤツだった……』

多くの人が経験したことがあるこの事例は、いとも簡単に「他と違う」「今までと違う」という印象を感じさせていますよね。一体どうして同じストーリーを新しいと感じてしまったんでしょう？

その答え……、それは「まとめ方」です。

同じストーリーでも、チョイスする情報や伝える順番が「自分好み」にまとまっていると新鮮な「新しい情報」に感じてしまうものです。

コレこそが、**「なぜか自分だけ売れない人」**と**「売れる人」**のたった一つの、なのに**めちゃくちゃ大きな差**です。

思わず興味をもってしまう話の「まとめ方」

ここでもメモを取りながら読み進めてもらえると、すぐに改善策が見つかるかもしれないのでおすすめです。

つくり方は全部で4ステップ。一つひとつとても簡単なので安心してください。

ステップ1：あなたの営業の手順を並べてみる

最初のステップは、あなたが普段やっている営業の流れを分解して、手順ごとに並べてみましょう。

ここでは「ＷＥＢサイト制作の営業」を例にして一緒に進んでいきますね。

例：ＷＥＢサイト制作の営業の流れ。

※ホームページが古い会社をリストアップして、テレアポをするときの内容を分解してみる。

1. 自己紹介（ホームページ制作会社である）。
2. 電話の内容（ＷＥＢサイトの提案で電話した）。
ホームページが古くてスマホ対応ができてないので、変えた方がいいと提案。スマホ対応にしないとスマホの検索順位も上がらないし、見てもらえないことを伝える。
3. 提案内容（詳しい話をさせてもらうのに伺いたい）↓大体この段階でほとんど断られる。

ステップ2：うまくいかないときに、よく耳にする断り文句を書き出す

営業をしていてうまくいかないときって、大体断り文句も決まってくるはずです。だ

から、断られても「はい、また出たー」って、ココロの中でつぶやいたりしますよね。

この手順ではその断り文句を並べてみてください。

もしかしたら2、3個よく耳にするセリフがあるかもしれないです。思いつく限り〝あるある〟な断り文句を並べてみましょう。

例：断り文句
1.「スマホ対応のことはよく言われます。今検討中です」
2.「今バタバタしてるんで、もう少し後に考えます」
3.「任せてる業者がいるんで大丈夫です」

ステップ3：断り文句が生まれる本当の理由を考える

毎回同じような断り文句を耳にするということは、相手が断る理由も毎回似ているということ。ここでは、その断る理由がどこからくるものなのかを探ってみましょう。

やり方は簡単、「どうしてその人は、そう言った（断った）のか？」という質問に答えてみることです。

例：断る本当の理由
1．スマホ対応の課題は既に知っているから、自分のタイミングで検討する。
2．見知らぬ業者だし「想像を超えない」業者だから話を聞かなくていい。

ステップ4．相手に合わせた「まとめ方」で断る理由をすり抜ける

ここまで来たら、あとは簡単なパズルをする感じで解決策を見付けます。相手が断る理由を見付けたので、それをすり抜けるための後出しジャンケンを考える感じですね。
そのためには、どうしたら「断る理由」を打ち消すことができるかを考えてみます。

例に挙げたWEB制作の場合だと、『既に聞いた話をする「想像を超えない」業者だから話を聞かなくていい』という理由をクリアしなければいけないわけです。ただスマホ対応には興味があるっぽいです。

ということは、相手がまだ知らない切り口で攻めてみるとよさそうですよね。

1．相手よりもこちらの方が専門だと感じてもらう。
2．任せている業者がベストとは限らないと感じてもらう。

この2つのポイントに気付いてもらうために、流れをこんな感じでまとめ直してみました。

【変更点】

1．自己紹介（検索に強いスマホ対応ができるホームページ制作会社である）。
※最初に、相手が興味がある分野の専門家であると付け加える。

2．電話の内容：WEBサイトの提案で電話した。
＊ホームページが古くてスマホ対応できていないので、変えた方がいいと提案。スマホ対応にしないとスマホの検索順位も上がらないし表示されづらいことを伝える。

↓

3．電話の内容：スマホ対応がこれからという企業にサイト制作で失敗しない冊子をお届けしている。スマホ対応は、やればいいというわけじゃなく、つくり方によって表示される順位も大きく変わる。なので、どこの業者にまかせてもココだけ押さえておけば大丈夫という情報を無料冊子にまとめました。

※制作を依頼する際に失敗しないための〝判断基準〟を提供する。

4．提案内容：詳しい話をさせてもらうのに伺いたい。

（大体この段階でほとんど断られる）

↓

5．提案内容：冊子は無料なのでお届けしてもよいか。

（相手にリスクを感じさせない第一歩にする）

※冊子は新しくつくってもいいし、普段渡しているパンフレットなどでも大丈夫。

こんな感じで、全体の流れをちょっとだけ相手に合わせてまとめ直してみましょう。それだけで相手から「ん？　この人、他とちょっと違うかも……」って好印象を勝ち取りやすくなります。

いきなり全部ガラッと変更する必要はないです。**相手に合わせてちょっとだけ情報を「まとめる」。たったこれだけの習慣が「負け組」と「勝ち組」の大きな差になっちゃい**

ます。

どんどん精度があがるから仕事が楽しくなる

こんな風に相手に合わせて営業の仕方をまとめ直すと、どんどん成果があがるので、いつしか営業が楽しくなってきます。だって、昨日の失敗を元に「まとめ直す」という後出しジャンケンの方法を手に入れたわけですから。

だから自然と「営業したい」って気持ちが湧いてきますよね。

そしてそんな気持ちで接してくる前向きなあなたのような人に、お客さんもココロが動くものです。

同じ商品を売っていたとしても、営業マンによって成果に大きな差が出る理由はココにあるのです。

さぁ、相手好みの「まとめ方」ができる、あなたの反撃が始まりますよ！

11

「何をやってもうまくいかない……」、負の連鎖を断ち切る方法

失敗が失敗を呼ぶ負の連鎖

ここでは営業だけじゃなく、行動するうえで避けては通れない「失敗」についての、目からウロコな話です。仕事をしていて苦手なことや、気が乗らないことで結果を求められることってありませんか？　あれって結構しんどいですよね。

得意じゃないから、成功よりも失敗の確率のほうが圧倒的に高いのに。

なのに、上司から、

「ちゃんと進んでいるのかー!?」とか、**「目標は達成できるんだろうな？」**とか、普通のことのように成果を求められる。

はぁ、血も涙もないですねぇ。

その中でも営業って、苦手意識があると失敗の泥沼から抜け出せなくなる悲しい仕事。

「気が乗らない」↓「失敗する」↓「ヘコむ」↓「次の行動をするのが嫌になる」↓「余計に失敗する」↓「メリ込むぐらいヘコむ」まさに負のループ（泣）。

ここでは、そんなあなたに伝えたい、一瞬で失敗が怖くなくなる方法についての話をします。

そして失敗が怖くなくなるだけじゃなく、毎日成果につきまとわれるストレスからも解放される超ハッピーな話です。

失敗したくない本当の理由

そもそも、どうして僕たちは失敗したくないんでしょう？

ちょっと難しく言うと、おそらく何かしら「達成したいゴール」があって、失敗はその「ゴールから遠ざかる」ことを意味するからですよね。

だから失敗をするたびに、

『自分自身が嫌になったり周りの人と比べて「自分が劣っている存在」だと感じてしまったり』するわけです。

要は「成功したいから、当然失敗したくない」というわけ。まぁ、当たり前のことですよね。

しかーし！　実はココに落とし穴があるんです。

「失敗を避けると逆に失敗する」。そういうことなんです。

実は、失敗についてのよくないイメージって壮大な勘違いなんです。失敗は「いけないこと」なんかじゃなく、むしろ失敗はしたほうがいい。というか失敗しないと成功もできないんですよね。

まさに「ビバ失敗！」。

その理由は簡単。

・「成功」の反対の意味は「失敗」なんかじゃないということ。

・失敗っていうのは成功の一部。成功するための過程に過ぎない。

営業で望んだ成果をあげるためには、この失敗との付き合い方がすっごく重要。

というわけで、さっそくどうすれば失敗で嫌な思いをせずに、成功にガシガシ近づいていけるのか紹介しましょう！

それは3つの勘違いから抜け出すことで手に入ります。

3つの勘違いから抜け出せば、成功へまっしぐら！

1.「全てはテスト！」失敗を想定内にする

最初から大事なことを言いますよ。それは……、**営業や自分の行動を「成功」や「失敗」の2つで評価してはいけないということ。**

この評価の仕方で行動すると、ビビって何もできなくなってしまいます。僕も落ちこぼれ営業マンまっしぐらのときは、契約ゼロで失敗するたびに『自分は存在価値ゼロなんだ』って本当にヘコんでいました。おそらく、あなたも似た経験をしてませんか？

でも、この『失敗』＝『ダメ人間』という考え方は事態を悪くするだけ。

ではどうすればいいか？

それは自分の行動を「成功」や「失敗」という考え方じゃなくて、「全てはテスト！」という考え方で行動するということ。

どんなテストかというと「お客さんとスムーズにいい関係を築く」ためのテスト。「え？　ホントにそんなんで変わるの？」って思いましたね。

なんか、子供だましみたいに感じるけど、実はものすごーく効果絶大なんです。だって、考えてみてください。どんなことだって一発で成功なんて神の領域でしょ？

すごく当たり前のこと。なのに、僕たちって自分が得意じゃなかったり、プレッシャーが掛かることに直面すると、その当たり前が見えなくなってしまうもの。

本当は、「営業」だって「人付き合い」だって「テストの繰り返し」。テストして、一つひとつ失敗を潰していく。そうすれば、当たり前にどんどん成功に近づいていける。

り前。

2．計画を立てる！　でも計画はあくまでも計画

「全てはテスト！」を実行するためには、当然「計画」が必要ですよね。コレも当たり前。

でも、このみんなが知っている「計画を立てる」ことについても、大きな勘違いがあります。**それが成果からあなたを遠ざけているし、実は営業を嫌いにしているんです。**

その勘違いとは、「計画を立てる内容」の勘違い。

営業するときに立てる計画といえば当然「営業リスト」をもとにした行動計画です。

「え？　まさかコレも違うの？」って感じですよね。でもそうなんです。

厳密に言うとこの計画を立てるよりも先にやるべきことがあります。

それは、さっきお話しした「お客さんといい関係をスムーズに始める」ための計画。

よく考えればそうですよね。１日何件まわって、何人の見込み客に会って……、っていう計画があっても、具体的に相手とスムーズに関係を構築する「計画」がなければ、全く無意味になっちゃう。

おそらく、そのためにロールプレイングをしている人が多いんじゃないかと思います。

でも、ロールプレイングって相手のさじ加減でどうにでもなるし、意地悪な質問ばかりする先輩もいるし……。

というわけで、僕は営業トークとかのロールプレイングが大っ嫌いです。僕が提供している営業研修でもロープレはやりません。

そんな暇があったら実際に見込み客にあってテストを繰り返したほうが100倍早く成果が出ます。

3.「失敗は成功の種」だから失敗から学ぶ！

実は、僕自身が落ちこぼれ営業マンから全国1位になれた理由をひと言で言えば、この言葉になります。人に「どうしてそんな成果が出せたんですか？」ってよく聞かれます。

そのときに答える言葉はいつも同じ「人より多く失敗したから」。そして失敗するたびに「そこから改善すべき点を学んだから」です。

営業はすべてテストだから、当然失敗もある。相手といい関係を築くために話した内容が、逆に拒絶される場合だってある。でもそれで全然ＯＫ！

何回も言いますが、テストなんです。だから、大事なことは、相手の反応が、自分が期待した内容と違った場合に「なんでこんな反応だったんだろう?」って相手を理解しようとすること。そして、またそのときに最善と思える答えを見付けて、次のテストに活かすことです。

これってどういうことかというと、成功するためにはそれ相応の失敗が必要だってこと。

発明家といえば1番目か2番目に名前があがるエジソンだって、むちゃくちゃ失敗しまくっていた人。彼の言葉でこんなものがあります。

「失敗したんじゃない。うまくいかない方法をひとつ見付けただけ」

すっごくいい言葉ですよね。

「全てはテスト！」↓「テストのために計画を立てる」↓「失敗をどんどんして改善の種を見付ける」。このサイクル。

地味だけど、コレこそが営業で成果を出し続ける方法なんです。

テストのスピードが成功への近道！

さて、ここまでで「失敗」は避けるものではなく、どんどんしたほうがいいということが分かりました。となるとですよ……、僕たちが営業で早く成果を出すには、何に気をつけるべきか？

一つ気付きませんか？

それはスピードです。失敗をすればするほど成功に近づく方法が手に入る。ということは、早く失敗（テスト）すればするほど、成果が出るということ。

実はここも勘違いしやすいところなんです。今までは「失敗しないように」と思って、どんどん行動が慎重になっていませんでしたか？

「もうちょっと、ちゃんとできるようになったら始めよう」とか、

「まだ、スタートするには準備が足りてない」とか。

実は、このよかれと思っていた考え方が、僕たちを成功から遠ざけていたってことです。ビックリでしょ？

もちろん、計画を立てることは大事。何も考えずに「やーっ!!」って竹槍で突っ込むのはさすがに無謀。でも、ほとんどの人が慎重になりすぎているのが実情。

人見知りで営業が苦手だと感じている僕たちみたいな人に本当に必要なこと。**それは「慎重さ」じゃなくて「テストの気持ち」と「スピード」なんです。**

さぁ、それではじゃんじゃん失敗（テスト）して行こうじゃないですか！

12 「口下手」「人見知り」を克服する超簡単な方法が実はある

早口・テンパる・思考停止……、ぜんぜん売れない

営業の仕事が得意なわけじゃないけど、いろいろな事情でやらざるを得ない人って実はすごく多いです。

おそらく本書を読んでくれているあなたも、そんな状況の一人じゃないかと思います。得意じゃないのは自覚している……。だけど、いざお客さんを目の前にすると想像以上に自分がヘボくて、なおさらガッカリなんて経験ありませんか?

人見知り大王のくせに、なぜか営業の仕事についてしまった僕も、まさにそうでした。

いざ、営業の場になると……、

・ついつい早口になってしまう（相手に喋る隙を与えるのが怖い）。

・話が単刀直入で相手に引かれる（テンパっていきなり売り込む）。
・余裕がなくて顔に出る（引きつって笑顔になれない）。
・人見知りで上手く話を伝えられない（想定外になるとすぐに思考停止）。

↓

結果、相手との距離を一歩ずつ縮めなきゃいけないのに、下半身が後ろ向きについているのか？　っていうくらい着実に遠ざかっていく……。

こんな風にどうしようもない僕でしたが、ある方法と出会ったことで営業の場での成果が一変しました。

今までの散々な結果がウソみたいに、どんどん契約が取れはじめたんです。

しかも、相変わらず人見知りのままなのに成果が出たところが大きなポイント。

ここでは、その営業の場で着実に成果を出す方法を紹介したいと思います。

営業で不安を感じる原因は〇〇

いきなりですが、一つクイズです。

Q. 営業だけじゃなくて、僕たちが生きていく中で不安を感じる場面には共通点があります。それはどんなときでしょうか？

ちょっと過去を振り返って「どんなときに不安になるか？」を思い出してみて下さい。なにか見つかりましたか〜？　それでは、答え合わせです。

僕たちが不安を感じるとき、それは「この先何が起こるか分からないとき」「先行きが不透明なとき」です。

よっぽどのプラス思考の人でもない限り、僕たちは先行きが不透明な状況だと「マイナス思考」に陥ってしまいます。

そりゃそうですよね？　だってそもそも僕たちは動物だから。未体験の環境だったり、不穏な空気を感じたら身構えるのが当たり前。もし真っ暗闇で、ヘラヘラ薄ら笑いでスキップできるとしたら、それは動物として大事な何かをなくしちゃった人です（笑）。

営業の現場でも同じことが起きています。

「どうすれば相手といい関係を築けるか？」

「どんな話をすれば怪しまれないか？」

この答えが分からないから、本能的に不安を感じてテンパるわけです。


実は教わったことがない？　正しい営業の進め方

ということは、答えが見えてきましたよね？　テンパらなくなるには↓不安を感じなくなればいい。不安を感じなくなるには↓先行きがハッキリ見えればいい。

こういうことになります。


この先何が起きて、どのように対応すれば上手くいくかが分かれば、不安を感じずに相手といい関係が築ける……、確かにそんな気がしますよね？

それでは、一体何をすれば先行きがハッキリするのかというと、それはズバリ**「正しい話の進め方」を知ること。**


ちょっと思い返してみて下さい。

自分が伝えたいことをまとめた営業トークは教わったことがあっても、

・「相手とどうやって対話をして」
・「どうやって関係構築をするか？」
・「どうやってサービスに興味をもってもらって」
・「どうやって申し込みや販売までにもっていくか」

そんな正しい話の進め方なんて、教わったことなくないですか？

正しい進め方を知っていると、
・相手の状況に関係なく、毎回同じ営業トークを繰り返し話す必要がない。
・勢いで一方的に喋る必要もない。
だから、早口になったり上手く伝えられないなんてことはなくなります。

そして、
・隠しごとをしたり、ウソをつく必要もない。
・もちろん、売り込みもしなくていい。
だから、表情がこわばってしまったり、やましい気持ちになんて一切ならなくなります（ホントに）。

「売り込まなくても勝手に売れる」話の進め方

話の進め方は、大きく分けると3つのステージに分かれます。なんだか、小難しそうに聞こえるかもしれませんが、むしろ逆です。

この話の進め方の特徴は……、

1．各ステージの目的は一つだけなので、分かりやすい！
2．目的以外のことは何もしなくていいから、迷わない！
3．手順通り進めれば売り込まなくても、勝手に売れる！

こんなメリットがあります。ね？　なんだかよさそうでしょ？

そしてもう一つ、この話し方の一番のポイントは、営業トークみたいに台本を覚える必要がないので、縛られない！　だから、覚えたトークどおりに進めなきゃいけない……、なんて不安もゼロです。

さらに、全然状況が違うお客さんでも、無理矢理たった一つの営業トークに当てはめる必要もナッシング。

第1ステージ：相手に共感する

最初のステージでは、「相手と話しやすい環境をいかにスムーズにつくるか」を追求していきます。

なので、あなたがやるべきことは、相手から「この人ともう少し話をしてみたい！」と感じてもらうことだけ。

簡単にまとめると、

1．あなたの話が「自分に関係ありそうかも!?」と感じてもらう。

2．あなたに対して「この人は自分のことを解ってくれている！」と感じてもらう。

3．あなたに対して「この人とは長く付き合えそうかも!?」と感じてもらう。

この3つを達成すればステージクリア！

ではどうやって、この3つを達成するのか？　**それはたった一つ、「相手に共感すること」**。

コレ以外のことをやると、その時点で試合終了になる可能性がグンッと上がってしまいます。

だから、例えば最初の段階で「売り込み」をしたり、「自分がいかにスゴイか？」なんて話をすると、単純に嫌われちゃうわけです。

営業だけじゃないです。会話で自分の話しかしない人って嫌われるでしょ？逆に自分の話を聞いてくれる人は好かれやすい。営業も同じです。

第2ステージ：自分のポジショニングをする

第2ステージでは、「あなたが扱っているものが、他の商品やサービスとどう違うのか？」「どうしてわざわざあなたの商品を試す必要があるのか？」、こんな疑問を突破することにフォーカスします。

相手に共感した次にやるべきことは、「この人（サービス）、今までと違うかも⁉」と感じてもらうことです。

なので、ここでは、

1．あなたの提供する解決策（サービス）で、相手に新しい気付きを与える（想像を超えた存在）。

2．あなたの解決策が、相手によりよい未来を提供できると感じてもらう。

3．あなたの存在（サービス）が、相手の中で特別だと感じてもらう。

この3つがポイントになります。

「想像を超えた存在」とか「特別だと感じてもらう」なんて、「自分には無理だな〜」って感じませんでした？　**心配しないで下さい！　「想像を超えた存在」とは、「突き抜けてスゴイ」とかそういう意味じゃないですから。**

そんなことをしなくても、ちょっとだけ「意外」な印象を与えるだけで、想像を超えた存在に簡単になれちゃいます。

第3ステージ：よりよい未来をオファーする

最後はいよいよ、いわゆるセールスのステージです。

「おいおい、結局売り込むのかい！」ってツッコミが聞こえてきそう（汗）。

でもご心配なく、売り込みはしませんよ！　この最終ステージのポイント、それはココまでのステージでつくってきた関係を活かすこと。

そして、「売り込みをせずにサービスを売る」に繋げます。

あなたがすべきことは、

1．相手にあなたの話をもっと聞いてみたいと思わせる。
2．話せば話すほど、あなたが自分の問題を解決できそうな気がしてくる。
3．あなたと付き合えば、理想の未来に近づけそうだと感じてもらう。

どうですか？　これを達成できれば相手の方から「売って欲しい！」と言ってくれそうでしょ？

実際にこの通りに進めれば、本当にそう言ってくれます。しかも、物が売れるだけじゃなく**「相手とすごくいい関係」でスタートできる**ってことが重要なポイント。

繰り返しますが、いくら物が売れても、相手を丸め込んだり、我慢させたりしていると、後でキャンセルになったりクレーム発生なんてことになりますからね。

この方法を身につければ鬼に金棒！

どうですか？　この方法を身につけたら本当に「売り込みしないでも勝手に売れる」イメージがちょっとできましたか？　まさに鬼に金棒でしょ？

僕自身がこの方法で劇的に変われただけじゃなく、全国で営業研修をさせていただく中で、多くの人が同じように成果を出している方法なので、きっとあなたも変われるはずです。

口下手・人見知りOK、早口になっちゃう人もOK、表情が固くなっちゃう人OK、現場でテンパる人OK。そもそも営業が好きじゃなくて、なぜかやることになってしまった……。そんなあなたにこそ、おすすめな手順です。

13 商談の場で〝絶対にやってはいけない〟3つのこと

人見知り営業マンにとっての永遠の課題……

ここからは前項でお話しした3つのステージを具体的に掘り下げていきます。

ところで、営業が苦手だったり人見知りの人にとって、お客さんと商談が始まるときに毎回こんなことで悩みませんか？

ただでさえ商談にたどり着くだけでもミラクルなのに、いざお客さんを目の前にしたら、「えっと、何から話し始めればいいんだっけ？？？」みたいに……。

いきなりセールストークに入るのは唐突すぎる気がするし……。

でも、その場で気の利いたネタを思いつくほど器用じゃないし……。

結局、一瞬のうちにメチャクチャ頭をフル回転させた挙げ句に、「今日はあったかいですね？」か「最近は忙しいんですか？」くらいしか思いつかない（苦笑）。

決していい切り出し方じゃないのは分かっていても、結局「どんな話をしたらいいのか？」って、人見知りにとっては永遠の課題ですよね。

ここでは『売り込まなくても売れる商談の進め方』の中でも、一番大事な「第一段階：共感のステージ」で、僕たちが『やるべきこと』と『絶対にやってはいけないこと』について紹介します。

それでは、最初の段階で『やるべきこと』と『絶対にやってはいけないこと』、行ってみましょう。

最初にすることは「話さないこと」!?

先述した話に戻りますが、商談の場での最初の話題というかネタって、ものすごく困りますよね？　でも本当は逆なんです。

どういうことかというと、本当の問題って**何かを話そうとするから上手くいかないん**

です！

簡単に言うと、最初の段階で僕たちから話すことなんてないってことです。

商談の場で僕たちが最初にすべきこと、それは……、
「相手の話を聞くこと」。コレ以外にないです。

だから、最初からいい話をしようとか、面白いネタを用意しなきゃとか、そういうのはいらないです。もちろん、自分の商品が「いかに素晴らしいか！」みたいな話を一方的にベラベラ喋る場でもありません。

僕たちが商談の場ですべきことは、

1. 相手の悩みや課題を聞き出し共感すること。
（相手の気持ち：この人、分かってくれるなー）
↓
2. 他との違いを明確にし、新しい気付きを与えること。
（相手の気持ち：おぉ、なんか面白そうだな！）

↓

3．相手の状況に合った問題解決を、簡単に想像させること。

（相手の気持ち：確かにコレならよくなりそうかも！）

簡単に言うとコレしかないです。

逆に言うと、相手の悩みや具体的な問題点も知らないのに、解決策は伝えられないですよね。ましてや、相手の状況にあった改善するイメージを簡単に想像させることなんかできっこないです。

というわけで、最初にすべきことは相手の悩みや課題を聞き出すこと。

ただ、ちょっと注意が必要です。相手の話を聞き出すときに、気をつけるべきポイントがあります。ここに注意しないと、相手のテンションは一気にダダ下がってしまい、試合終了になってしまいます。

共感のステージで〝絶対にやってはいけない〟3つのこと

1.「NO」と言うこと

いきなり、パンチのきいた禁止事項が来ましたね。

どういう意味かというと、『お客さまは神さまなんだから、相手に「NO」なんて言っちゃダメですよ』。なんて、そんな意味じゃないです！

では、何に「NO」と言ってはいけないのか……？

それは、相手の「信念や価値観」についてです。僕たちは、これらには絶対に「NO」と言ってはいけません。

なぜなら、信念や価値観というのは、昨日・今日できたものじゃないからです。相手が生きてきた中でいろんな経験や勉強、何かを実践したなかで暫定的にその人が『正しい』と感じているルールみたいなもの。

だから、信念や価値観を否定するということは、単純に「相手自身」を否定するのと同じことになっちゃうわけです。こりゃマズいです。

逆の立場だとしたら、あなたもおそらく同じじゃないですか？

いきなり初対面の人に、自分の「考え」や「物事の好き嫌い」について頭ごなしに「あぁ、それ違いますよ」みたいに否定されたら、「は？　何こいつ？」ってなりますよね。

というわけで、相手の価値観に「NO」と言ってはいけないのです。


ちょっと待って！

「じゃぁ『絶対にこの人の考え間違っていると思う』。そんな人に会ったらどうしたらいいのでしょうか？」って思いますよね？


答えは簡単です。それは、『去る』です。


価値観が合わなかったり、相手の信念に共感できないなら『去る』のみです。だって、我慢して付き合ったってお互いストレスが溜まるだけ。

無理に商品を売ってしまうと、後で必ず大きなトラブルになります。だから、わざわざ相手の価値観に「NO」と言う必要がないというわけ。

価値観が合わない人は放っておいても、営業では十分に成果が出せることは先に計算式を使ってお話ししました。なので、心配はいらないです。『去る』ことを恐れないで下さい。

もちろん、去るときは唐突に「はい、さよなら～」って席を立つって意味じゃないですよ。無理に追わないっていうことです。

2. 自分の話に置き換えること

コレやっちゃう人、あなたの周りにいませんか？　相手がせっかく喋っているのに、『それ分かる～』って共感してくれたかと思うと、いつの間にか自分の話にすり替わっちゃう人。

聞いている方は「あら？　いま私が喋る番だったよね？」と、こんな状態です。

とはいえ、相手の話に合わせて「共感」したり、「自分の体験」を話すことはすごくいいことです。なにせ、営業の最初のステージは「共感のステージ」ですからね。**ただ、共感を通り越して話題をさらってしまうことはダメってことです。あくまでも相手が話しやすいように相づちをうつ程度にすることが大事です。**

心配しないで下さい、あなたが喋る番は後でしっかりありますから（笑）。だからこの段階では相手に「あっ、この人分かってくれてるな〜」って感じてもらうことに集中しましょう！

3．我慢できずに間《ま》を埋めること

コレも「あるある」ですよね。相手に話してもらおうと質問したりするところまでは上手くいく。でも、相手が黙ってしまうと、その沈黙を我慢できずに間を埋めてしまう。そういうときってないですか？

例えば、「○○をするときの問題って他にどんなことがありますか？」みたいな質問をしたとき。「しーん」。相手がなにもしゃべらない……。

『あら？　なんで喋らないの？　どうしよう？』みたいに、少しでも間が空くとめちゃくちゃ焦る。それで、我慢できずに「あっ、△△とか□□みたいなこととかもあったりしますよねぇ」って、答えを導こうとしちゃう。これって一見よさそうに思えますが、よくないいんです。

その理由は2つ。1つ目は、相手が考えている時間に話をかぶせてくるとイライラされます。そしてもう1つは、話の間《ま》にビビってしまう人は、「自信がない人」や「やましいことをしようとしている人」という印象を与えちゃうんです。

だから、相手が黙って考えているときは、たとえビビって心臓がバクバクしていたとしても、態度は山のようにデンッと構えて間《ま》を楽しむようにしましょう。

お互いに共通認識を持つことがミッション

まとめると、商談の最初はいきなり商品の話なんかせずに、まずは、

- **相手が何に悩んでいるのか？**
- **どんなことをしたいと考えているのか？**

・どうしてその方法がいいと思っているのか？

これを相手の言葉で話してもらうこと。そして、お互いに共通認識を持つことがミッションです。

でもね、そうはいっても「なるほど、そうですか！」と始められるものでもないですよね。相手が欲しい情報を勝手に喋ってくれるならもうすでにやっているはずです。それができないから先に進まないわけです。

というわけで、最初にすべきことが分かったら、次は相手が自然と自分（自社）のことを喋りたくなってしまう「質問術」について紹介したいと思います。

14 商談の場では、まず「相手に話してもらう」技術を習得しよう

『えっ、相手に話してもらうって……、難しくない？』

ここでは、いよいよ商談の場で何をすべきか、具体的な話をしていきます。前項の話で、最初のステージでは、自分自身が無理に話をしなくてもいいってことが分かりました。

「なーんだ、無理に話そうとしなくてもいいんだ！」って、救われた感じがしました？

でも、それと同時に……、

「あれ？　でも、相手に話をしてもらうのって……、もっと難しくない!?」

って、別な問題が出てきますよね。

安心して下さい。今回は、まさにその解決策の話です。

あなたが無理に話題をつくらなくても、相手の方からどんどん話したくなる方法を紹介します。

しかも、相手が話したくなるだけじゃなく、お互いの距離が一気に縮まって相手が「味方」になってくれるほどの効果があります。

そんなスゴイ効果があるのに、やることはいつも通りに超簡単なんです。

実は普段から身につけている『質問のチカラ』

自分自身が無理にベラベラ話をせずに、しかも「相手」の方から話してくれる方法。
それは普段の会話で、あなたも僕もやっている『質問のチカラ』を使うことです。
例えばあなたが、友達や家族と話をしていて会話が盛り上がるときって、きっとお互いに相づちを打ったり、質問したりしますよね？

1. 話が興味深くて面白い。

2. 面白いから相づちや質問をする。
↓
3. 反応してくれるから、話し手のテンションが上がる。
↓
4. さらに話が面白くなる。
↓
2・3・4のループが起きる。

このループを商談の場でも起こせれば、普段の会話と同じで、お互いに楽しくなれますよね。もちろん、遊びじゃないのは分かっています。

でも「どうせ話すなら、楽しく話したい」「どうせ付き合うのなら、話が合う担当者がいい」。これは、あなただけじゃなくて、商談相手だって同じ気持ちです。

（というか、同じ気持ちじゃないなら深追いしなくてＯＫ）

結局のところ『営業の会話』と『普段の会話』を別物として考えるから、上手くいか

ないのです。

逆に言えば、普段のノリやテンポを再現できれば、営業だってスムーズに会話が弾みます。それを実現するのが、これからお話しする質問術です。

相手がどんどん喋りたくなる『かんたん質問術』

当たり前ですが、質問なら何をしても相手のテンションが上がるわけじゃないですよね。相手が「自分から喋りたくなる質問」をする必要があります。そして、それはそんなに難しいことじゃありません。

だって、僕たちが普段はできていることだから。簡単にまとめると3つのポイントに気をつければ、『普段の会話』を再現できます。

1．オープンクエスチョンで質問する

この言葉はもしかしたらあなたも耳にしたことがあるかもしれません。

オープンクエスチョンとは簡単に言うと、質問の答えが「はい」か「いいえ」で答え

られない質問です。
逆に「はい」「いいえ」で答えられる質問はクローズドクエスチョンといいます。例えば、よく商談するときに着席して、苦し紛れに言っちゃう、
「なんか今日は寒いですよねー？」

この質問はどっちだと思いますか？　答えは、クローズドクエスチョンです。

無言の空気が嫌で、『会話が広がらないかなぁ』と淡い期待を抱きながらついつい言っちゃいますよね。おそらく僕も、1万回ぐらい言ってます。
でも結局、奇跡は起こらず「あぁ、そうですね」と言われて会話が一切弾まない。それどころか、空気がさっきよりも重くなる……。

これこそがまさに、「はい」「いいえ」で答えられる質問で会話を広げようとした天罰なんです。

最も大事なのはオープンクエスチョンで会話を進めること。初対面だったり関係性ができていない相手なら、なおさら早い段階でオープンクエスチョンをしてみましょう。

でも待てよ？　オープンクエスチョンってどうやってつくるの？？？

それはとても簡単！


What（なんですか？）

When（どういうとき？）

Why（どうしてそうなる？）

Where（どんなところで？）

Who（どんな人が？）

How（どんな風に？）


このキーワードを使って質問をつくるだけです。

例えば、

「〇〇って普段どんな使い方をすることが多いですか？」

「何が原因でそういう問題って起きるんですかね？」

「コレをどんなところで使いますか？」

こんなふうに質問すると、相手は頭で考えて答えを出してくれるので、そこから会話がつながりやすくなります。

2. 答えをさらに掘りまくる

オープンクエスチョンを覚えたら、1つだけ注意が必要です。それは、あなたの答えの返し方。せっかく相手がつくってくれた『会話のタネ』を、「へぇ、そうなんですか……」（シーン）みたいに葬っちゃダメですよ！

オープンクエスチョンで会話が動き始めたら、今度は加速させることが大事です。もちろんコレにも簡単なコツがあります。

それは、『相手の答えをさらに掘り下げる』こと。

例えば、質問に相手が答えてくれたら、

「それって、例えばどんなときにそうなりますか？」

「なるほど。そういうときって他にどんな問題が起きやすいですか？」

「そんなときって、どんな風に感じるんですかね？」

みたいに、さらにオープンクエスチョンで話題を深く掘り下げます。

そうすると、相手は会話にエンジンがかかってくるので、あなたもわざわざ「何を話したらいいいんだ？」みたいに悩む必要がなくなります。

3．時系列で質問をする

会話にテンポが出てくると、相手との距離も一気に縮まり始めます。このテンポをさらに弾ませるには、もう1つ重要なポイントがあります。それはなるべく「時系列で順序よく質問すること」。

会話が弾むときの特徴って、「それで？」↓「それから？」↓「で、どうなったんですか？」みたいに流れるように進んでいきますよね。だから、相手に質問をするときも、時間軸が行ったり来たりしないように、「それでそれで？」みたいに流れるように、深く掘り下げてみて下さい。

すると、相手も話しやすいので、ついつい、いろいろと話したくなっちゃいます。そんなときに、あなたが相手に共感したり賛同することで、短時間で一気に絆が生まれ始めます。

相手が一気に「味方」になる、本当の共感の仕方

共感のステージでは、当然相手に共感することがミッションになります。実はこの『共感』を習得するうえで、忘れちゃいけない、とーっても大事なことがあります。

それは、共感というのは、声に出さないと伝わらないということ。いくら、相手が話したことに勝手に『うわぁ〜、それよく分かるぅ』みたいに思っていてもダメですよ(笑)。

このステージで特に大事なことは、あなたが相手に「共感」していることを、声に出して伝えることなんです。

「うわぁ、分かりますぅ！　そういうときってストレス溜まりますよねぇ！」
「おぉ、なるほど。そういう考え方ってスゴイですね！」

エンジンがかかって、いろいろ話すたびにあなたに共感してもらえたら、相手は『この人、分かってるなぁ』って親近感を抱いてくれるはずですよね？

カラダが自然と動けばさらにグッド

例えば、あなたが誰かに話したいことがあって、相手が……、
「へぇ、それはスゴイね！　それでそれで？　それからどうなったのっ？」って聞いてくれたらどうでしょう？

きっと、相手が共感してくれるから、もっと相手と情報や感情を共有したくなりますよね。まさに営業でもコレと同じことをすればいいだけなんです。

そして、声に出して共感するようになると、自然とカラダもつられて反応しちゃうことが増えるはず。

そうなればさらにグッドです。ボディランゲージをつかって共感すれば、あなたの思いは相手に強力に伝わるので、まさに言うことナシです！

15 いつも『値引き要求』されるダメ営業マンの残念な共通点

相手に好かれたほうが何かとスムーズ

商談の場で最初にやるべきこと……、それは相手に共感すること。商品の説明とか、自分が話さなきゃいけないことを、ベラベラ喋る必要は一切ありません。最初は共感できるポイントを見付けて相手をリスペクトすることだけに集中すればＯＫなのです。

前項では、それを実現するために相手が自分から話したくなる『簡単質問術』を紹介しました。**ここではその方法を効果的に使いこなして、相手に好かれる状態をつくり出していきます。**

せっかくお互いの時間を使って大事な話をするんだから、まずは相手に好かれたほうがスムーズに進みそうですよね？

注意！　共感するポイントを間違えると超キケン!?

なんだかいきなり穏やかじゃないですよね。このステージの目的は『相手と話しやすい環境をいかにスムーズにつくるか』を追求すること。

そのためには、まず相手に共感することが大事と伝えてきました。**でも闇雲に共感することがゴールではないので注意が必要です。**

なぜなら、闇雲に相手に共感しすぎると、すっごく面倒くさいことになります。**どういうことかというと、相手に『都合のいいヤツ』という輝かしい称号をもらうことになってしまいます。**

何事にも程度の問題があるってことです。

この称号を与えられた人には、もれなくこんな現象が起き始めます……。

- **やたらとお客さんから、どうでもいいことでも連絡が来るようになる。**
- **お客さんと話は盛り上がるが、商品の提案になるとスルーされる。**

・やっと商談になったと思ったら、まず「値引き」の要求から始められる。

こんな先輩や同僚って周りにいませんか?

『いやぁ、毎日電話かかってきて困るわぁ』って言いながら、ちょっと自慢げな人。

でも毎回、上司に値引きの相談ばかりしている人。一見スゴそうに見えますが実はダメです。この手の先輩がいると「とにかく笑顔で相手に合わせろ!」なんて教えられがちです。


言ってみれば、これは完全に『共感過多』の状態です。今からとっても大事なことを教えますすね。メチャクチャ大事なので忘れないように!

『相手に取り入る』のと『相手に好かれる』のは全然違うってこと。


今紹介した先輩は、完全に『相手に取り入ってる人』になっちゃっています。

ゴマをすって生きていく人生なんて面白くないですよね。

そんな人に限って、お酒を飲むと暴れ出しちゃったりするし。結局自分を偽ってストレスを溜め込んでいるんですよね、あぁ大変。

さてさて、では、どうすれば取り入るのではなく「好かれる」状態になれるのでしょうか？

『商品』を売る？『未来』を売る？　大きな分かれ道

取り入る状態にならないコツ。それは共感するポイントを『相手の未来』にロックオンすることです。

・なぜ相手はその問題をクリアしたいのか？
・クリアした後に到達できると思っている「未来のイメージ」ってどんなものなのかを明確にする。

このあたりを聞き出しながら共感することが、ものすご〜く大事。当たり前のように聞こえるかもしれないですけど、意外にほとんどの人ができてないんですよね。

どうしても自分が売りたい商品が、
・いかに相手にプラスになるか?
・この商品が他社のものと比べてどのくらい優れているか?
このあたりに終始して話を進めがち。

もちろん、この方法でも商品って売れるんですけど、実は結構リスクが高いんです。
逆に未来を共有する売り方は、クレームがものすごーく起きづらいです。
どういうことか簡単に説明しますね。

パターン1：ただ商品をアピールして販売する場合

この方法は、商品の能力や魅力によって販売しているので、単純に求められる成果は「望んだ効果が得られたか？　得られなかったか？」の二択になってしまいます。ということは……、

・効果が出て当たり前（そのつもりで買ってますからね）。
・効果が出なかったり、思ったより時間がかかったり難しかったりするとアウト（判断基準は相手の感覚）。

当たり前といえば当たり前の話ですが、アウトのジャッジが相手の感覚なので、思いもよらない理不尽なクレームが起きやすいってことです。

パターン２：未来を共有してから商品を販売する場合

一方、相手の未来を共有する販売方法はというと、どうでしょう？　この方法だと、僕たちは予め相手の目指すべきゴール（未来）を知ることができます。そして商品を売ることじゃなくて、そのゴールを一緒に目指すことに共感するんです。

そしてプロの立場から、その商品で解決できる問題だけじゃなく、ゴールに到達するためには、他にも解決すべき問題があることを予め全部教えます。

例：車を販売する場合

らいかかるのか？

【相手が気付いている問題】
この車がいくらなのか？　ローンなら結局コミコミいくらなのか？　納車までどのくらいかかるのか？

【あなたがプロとして伝える他の問題】
車を買った後にかかるオイル交換・車検などの維持費（思わぬ出費）がいくらかかるか？　相手が思い描いているカーライフにはどのくらい出費の額とタイミングがあるのか？　大事なことは買った後の出費も計算することです。

こうすると、たとえ車両単体の価格が他社より高かったとしても、オイル交換の割引（または無料）や車検料金の割引などで、

・トータルのコストがお得。
・車を買った後に、その都度出費が必要なくなる。

こんなふうに、本当のメリットを感じてもらえるようになるわけです。すると、1つ目の商品を買った後も、繰り返しあなたを指名して次の商品を買ってくれるようにもなります。最高ですよね！

手っ取り早く商品や価格の説明だけをして、目先の問題解決を売るのか。それとも、ちゃんと相手の未来に共感してから売るのか。

これが、繰り返し買ってもらえるかの大きな分かれ道になります。

そこで大事なのが、相手が自分から話したくなる『簡単質問術』ということになります。どうですか？　だんだんイメージ出てきました？　早く実践してみたくなりますよね？

もし共感しようとして、こんな状況に直面したら……

そうは言っても、この方法で上手くいかない場合ももちろんあります。ただ、中には対処方法が存在するパターンもあるので、その対処方法を紹介しておきますね。

どうしても相手をリスペクトできない……、そんなときは？

このステージは『相手と長く付き合えそうか』をお互いに見極める場です。**だから、**

相手に好かれることだけじゃなく、あなた自身が相手を『リスペクトできるか？』がすごく重要になってきます。

もちろん頭ごなしに相手を否定したり、心を閉ざしてしまうのはよくないです。でも、共感しようと努力したうえで、それでも「うーん……、この人無理だわ」ってなってしまったら。そんなときにすべきことは一つ。

それは、さきほども言った『去る』です。

無理に付き合ってても後でモメるだけです。だから、ひと通り説明したら「何かございましたらご連絡ください！」なんて言ってフェードアウトします。

「えーっっ⁉　そんなんで大丈夫なの？」

そう思いますよね？　でも、全然問題なし！　むしろ、体育会系の営業ではなく、人の役に立つ営業スタイルで成果を出したいなら、僕たちはそうするべきなんです。

恋愛や友達の付き合いだってそうですよね？　どっちかが無理に相手に合わせている関係なんて長続きしないですよね。結局最後に「前から思ってたんだけどさぁ……」なんて言ってモメますから（笑）。

こういう、無理に相手に合わせないやり方でもちゃんと成果は出せるっていう根拠についてては、すでに詳しく説明しているので、忘れてしまった人は、ぜひチェックしてみてくださいね。

なんだか相手が共感を求めていない気がする……

話をしていて、なんだか唐突に「性能の話」や「価格の話」から聞いてくる人っていませんか？　実はお客さんによっては、第1ステージの共感の手順と次の第2ステージを逆にして、進行して欲しいタイプも存在します。

簡単に言うと「あなたやあなたの商品がどのくらいスゴそうか？」を感じてから関係構築をしたいっていう人。

これは第2ステージの進め方も覚えたら順番を入れ替えればいいだけなので、今の段階ではそういう人もいるんだなってことだけ知っておいてください。

こんな状態になれば第1ステージクリアのサイン

さてさて、ここまで紹介した方法を実践して話を進めてきたら、こんな状態になるはず……。

1. あなた自身が相手をリスペクトできて、「この人を手伝いたい！」って心から思えるようになった。
2. 相手も「どうなりたいのか？」という、未来の情報を共有してくれた。
3. 目の前の問題だけじゃなく、他にも解決すべき問題があることを共有できた。

この3点がしっかりできたら、第1ステージクリアです！　おそらく、あなたも相手もカラダが温まってきて、いよいよ具体的な話に入れる環境が整っているはずです。

16 苦手意識が強いときほど『タブー』をあえてやるべし！

『相手に信用されてない……』は解決できる!?

初対面の人と商談するとき、注意すべきポイントと言えば……？
『相手に信用されていない』状態からスタートするということ。この状態を早い段階で何とかしなければ、お互いにストレスが溜まるだけです。
信用されてない人と話を続けるのって精神的にしんどいですからね。

そこで、この項で紹介したいのが『ポジショニング』というキーワード。ポジショニングというのは、〝相手の頭にあなたのテリトリーをつくること〟。簡単にいうと「〇〇といえば、□□さん」のように相手にイメージされるようになることを指します。

もし、こんなふうに自分の専門分野でポジショニングを確立して、信用を得ることができれば……。それができたなら、商談がものすご〜くスムーズに進むと思いませんか?

このステージでは、相手から信用されて、なおかつ一目置かれるようになるための手順を紹介します。

教えられた通り話しても、相手に響かない理由

・ちゃんと営業トーク通りに喋っているのに、相手の反応がイマイチ……。
・商品のメリットも伝えているのに、響いている気がしない……。

伝えられることは全部伝えきったのに、相手のテンションが低いままのときって、メチャクチャ焦りますよね? とりあえず笑顔だけつくろっているけど、内心では「あれ? もうちょっと興味持ってくれないの???」「もう話すことないんですけど……」、みたいにテンパったり。

実は教えられたトークをただ伝えるだけじゃ、この状態に陥りやすいのです。どうしてそんなことになっちゃうのか？　それはあなたが、まだ『リスペクトされていない』からです。

リスペクトとは「尊敬される」「敬意をもたれる」という意味ですが、簡単に言うと「一目置かれている」ということ。

だから、相手にリスペクトされていないということは……、

- **他社とどう違うのか？（またどうせ、この前の会社と同じだろう）**
- **本当に言っている通りの成果が出せるのか？（どうせ営業だから適当なこと言っているんだろう）**

こんな疑念が消えずに、あなたが大した人だと思えない状態。

というわけで、自分のポジションを築くための第一歩は、まず相手にリスペクトされるところから始まります。

相手にリスペクトされるための『新しい気付き』

さて、「リスペクトされる」ということは、相手に「一目置かれること」だと言いました。「うーん……、それって才能がある人じゃないと無理なんじゃない？」って、なんだか急に身近な話じゃなくなった気がしましたか？

安心してください。僕が紹介しているのは営業が苦手な人でも70点取れるようになる話。70点取れれば、充分に望んだ成果を出すことができます。そして、70点の営業でも充分すぎるくらい相手に一目置かれることができます！

その方法……、それは相手に『新しい気付き』を与えること。

新しい気付きというのを、ざっくりいうと『相手の想像をちょっと超えた情報やノウハウ』のことです。この新しい気付きを相手に与えることができれば、簡単にリスペクトしてもらえるようになります。

この方法のポイントは、『想像をちょっと超えた』というところ。だから別に、〝誰も知らない新技術〟とか〝相手を上回る話術〟とかそういうのは全然必要がないんです。必要なこと。それは……、今から紹介する〝ちょっと意外〟で〝ちょっと刺激的〟な行動です。

相手の想像をちょっと超える意外な方法

意外な方法その１：『ＮＯ』と言うこと

いきなり、だいぶ刺激的な方法ですよね（笑）。でも、これホントに大事なことなんです。僕自身、営業をするときはドンドン臆することなくＮＯを伝えています。しかも相手を嫌な気持ちにさせずにです。

もちろんいきなり「そんなんじゃ全然ダメだよ」ってストレートに全否定するって意味じゃないですからね。

一体何についてＮＯと言うのかというと……。

それは『あなたの専門分野』について、相手が間違えていれば「NO」と言うことです。

よかれと思って、お客さんを否定しない〝ことなかれ主義〟で、商談を進めると逆に信用されません。

先述の共感のステージでは、相手の信念や価値観については「NOと言わない」という話をしましたが、**今回は逆ですね。自分の専門分野、つまり商品やサービスに関する分野に関してはハッキリ「NO」と言う。**

相手が間違えた考えや、間違えたイメージを持っているなら、専門家として正しい情報を伝えることで新しい気付きを与えることができるようになります。

例えば、あなたがホームページ制作会社の場合。商談相手が「採用専門のホームページをつくりたいから、ハローワークの求人票を元になるべく早くつくって欲しい」と依頼をしてきたとします。

でも、あなたはハローワークの求人票だけでは魅力的なホームページはつくれないこ

とを知っています。もしもそんなときに……、

仮にYESと答えて制作を進めてしまうと……、ホームページの申込みは得られますが、おそらく全く魅力のない平凡なホームページができあがることになります。

しかも最悪なのは、それで成果が出ないときは、あなたの力不足のせいにされるでしょう。

そして、採用のプロでもないお客さんが、次の改善案を出してくる→言われるがままホームページを修正する→同じように成果が出ない→「お金返せ」とキレられ、最終的にモメる。まさに負のループのはじまりです。

一方、NOと答えた場合……、まず「実は、それだと上手くいかないんですよ」と伝える（否定文の前に「実は」をつけると、言葉が柔らかく聞こえるのでおすすめ）。「採用サイトで大事なのは、競合他社や自社のスタッフをリサーチすること。求職者から見た〝会社の魅力〟を正しく伝えると成果が出やすいんです」と伝える。

そして、お客さんのケースと似た過去の成功事例を紹介します。

こんな風に、自分の専門分野で相手の問題点を指摘してあげましょう。そして全否定するのではなく、正しい解決策に導いてあげます。

すると相手はNOと言われたのに気分を害さないどころか、あなたに『この人スゴイな』って一目置くようになります。

重要なことは、自分の専門分野ではちゃんと自信を持つこと。逆に専門分野で相手にNOと言えないのは、ただの無責任です。さっき説明したようにNOと言えない人は、リスペクトされないので常にトラブルが絶えません。

意外な方法その2：営業でのタブーをあえてやる

おぉ、なんだか今回は社会に反抗的な方法ばかりですね。でも決して、ちょいワル営業術に路線変更をしたわけじゃないですからね。本当にこの方法も正しく使うと、相手にリスペクトされるのに効果的なんですよ。

ここで言う営業のタブーというのは、相手にこんな発言をすることです。

・分かりません
・できません
・約束できません

こんな発言をあえてするということになります。

やっぱりアブナイ匂いがしますね。でも大丈夫です。なりふり構わず相手を否定するわけじゃないので。さすがにそれじゃ、ただのヤバいやつですからね。

では何に対して「分かりません」「できません」と言うのかというと……、あなたの専門分野以外のことについてです。

そうすることによって、あなたの専門分野（強み）が引き立つので、リスペクトされやすくなります。

「あ、それは専門じゃないのでちょっと分からないです」とハッキリ言っても問題ありません。

そのかわり、専門分野でＮＯと言えなきゃダメですよ！　専門家にもなっていないのに何にでも「あ、それ分かんないっすね」なんて言ったら、ただのザコですからね。

相手に一目置かれるために大事なことは、自分（自社）の強み以外では勝負しないこと。「なんでもできます」というスタンスで営業をしていると、相手にとっては「何が強みか分からない」となり、一目置かれることはないです。

ただ例外もあります。「どんな難しいケースでも受け入れます」とか「他で断られた案件もウチならできます」みたいに、「なんでもできる」こと自体を強みにしている会社なら話は別ですからね。

強みにフォーカスすれば商談も怖くなくなる

僕たちが「営業が苦手だな」と感じる原因は強みじゃないところで勝負しようと思うから。得意でもないことや、よく分からないことについて話をしても、まったく説得力ないですからね。

そしてそんな説得力がない商談を続けると、話すのが嫌になるし怖くなる。

何度も言いますが、強みっていうのはものすごく天才的なスキルのことじゃないです。相手の想像をちょっとだけ上回ればＯＫ。

なので、全く強みがない商品や会社なんて、まずないだろうし、全く強みがない人だっていないわけです。

次項では、一目置かれ始めたあなたのポジションを一気に不動のものにする方法を紹介します。ここまで行くと、もう相手はあなたにグイグイ引き込まれて抜け出せなくなりますよ。

17 顧客の「買いたいスイッチ」は、実は狙って入れられる

『営業が苦手な人』がハマりやすい負けパターン

何度も言いますが、営業が苦手な人にとっては、そもそも商談の場にたどり着くだけでもひと苦労。だけど、ようやく話を聞いてもらえることになっても、「申し込み」や「購入」をしてもらうというゴールにたどり着くには、乗り越えなきゃいけないハードルがズラーッと並んでいます。

その中でも、話すのが苦手な人がハマりやすい『負けパターン』というものがあります。それは、例えば商談のときに……。

相手は話を聞いてくれている。話は聞いてくれているんだけれど……、ただそれだけ。

相手の質問に対しても、商品の特徴やメリットをいつも通りにきちんと丁寧に説明して

いるのに。
それでも相手のテンションは、期待したほど上がってない……（汗）。
こういうパターンにハマると、内心めちゃくちゃ焦りますよね？
こんなときって、一体どうすればいいんでしょう？

ここでは、そんな風に『なんか、あと一歩足りてない気がする』っていうときの解決策について解説します。あなたの説得力が大幅にアップする商談の進め方を紹介しますね。

『いい人』なだけでは商品が売れない理由

商品を買ってもらうためには、ただ商談で相手と笑顔で会話するだけでは足りません。なぜなら「この人、いい人」と思われるのと「買いたい！」と思ってもらうのは、別の話だからです。

そこには、それぞれ別のスイッチが存在します。だから、あなたが「話しやすい、いい人」なだけでは不十分なんです。

もちろん、僕たちみたいに「か弱い営業マン」に手をさしのべる、神さまみたいなお客さんもたまにいますけどね（笑）。でもツチノコに会うくらいレアなので、ここに頼るわけにもいきません。

とはいえ、心配はいらないですよ。実は相手の「買いたいスイッチ」を入れる方法が存在するんです。というわけで、その方法を知って、思いっきり「スイッチオーン！」してしまいましょう。

『買いたいスイッチ』は狙って入れられる⁉

さて、その「買いたいスイッチ」って何なのかというと、相手にとってあなたが『まさに自分にピッタリの人だ！』と感じてもらうことです。

『この人だったら自分の問題を解決して、よりよい未来への近道を教えてくれそう！』

こんな風に相手に感じてもらえると、自然と買いたいスイッチが入ります。スイッチが入った相手はテンションが上がり始め、あなたの話に前のめりになります。

もし、そんな状況を狙ってつくれたら、営業ってすごく楽しくなると思いませんか？


それは相手に正しい手順で証拠を見せること。


証拠というのは、過去の事例や他のお客さんの声などのこと。その証拠を使ってあなたの商品やサービスが、「いかに相手の望んだものであるか」を証明します。

そこで重要なのが、その手順。ただ過去の実績を相手に伝えるだけではダメ。数ある事例やメリットの中から何をどの順番で見せるかが大事なんです。

正しい見せ方で証拠を伝えると、ただ『買いたいスイッチ』が入れられるだけじゃなく、その後も繰り返し「この人から買いたい！」っていう感じで、常時スイッチがオンの状態になります。

説得力が2倍増しになる証拠（事例）の使い方

ステップ1：相手の状況に似ている解決事例を紹介する

まず最初にすべきこと。それは成功事例や解決事例を、目の前の相手の情報を元にチョイスします。当たり前ですが、自分に関係ない人の成功話なんて全然興味ありませんからね。

そうはいっても、あなたの周りにこんな人いませんか？

相手に喋る隙を与えず、ひたすら覚えた営業トーク通りに説明しまくる人。しかも、その説明が相手の状況にぜんぜんマッチしてないのに……。

こんな人は、もれなく『負けパターン』の常連客になることができます。

もう一度言いますが、相手が知りたいことというのは、

「目の前の自分の問題が解決できるのかどうか？」ってこと。

だから、事例やお客さまの声とかを紹介するときは、相手と同じ境遇や環境だった人の話をしなきゃダメ。そうすることで相手は感情移入して、その話を自分に置き換えて聞くことができます。

今の自分の状況に似ていれば似ているほど、感情移入はしやすくなります。

この順番で話すと説得力が大幅アップ！

いざ事例をチョイスしたら、以下の順番で事例の紹介をします。

【今回のシチュエーション】
・ターゲット：接骨院のオーナー
・商品：新規客獲得の営業サポート
・事例：過去に営業サポートで成功したA治療院さん

1．A治療院が当時抱えていた問題やストレスがなんだったのか？　商談相手と共通している問題点を紹介します。

（新規で患者さんは来るんだけれど、リピートしてくれなくて売り上げがあがらない。当時の平均リピート回数は1、2回。ほとんど1回しか来てくれない状態。でも決してA治療院の技術が悪いわけじゃない）

↓

2. A治療院はそれを解決するために、それまでどんなことにトライしたか？　そして失敗したか？

（施術後に『1回でよくなるもんじゃないから、繰り返し通ったほうがいいですよ』というトークをしてるけど、相手に響いてない）

↓

3. どうしてA治療院が問題解決できずにいたのか？　本当の原因が何かを専門家として説明する。

（実はトークすることは間違えてないんだけれど、お客さんへの『伝える内容』と『伝えるタイミング』を間違えていた）

↓

4. その本当の問題を解決するために、あなたがA治療院に何をしたか？　実際に何をして上手くいったのかを説明します。

（正しい方法で患者さんにトークできるようにした。※分かりやすい実践内容を紹介する）

↓

5. その結果、どんな成果が出たか？　できるだけイメージしやすいように、数値を

使って説明する。

（今までお客さんの平均リピート数がたったの1、2回だったのが、そのやり方を取り入れただけで、3、4回まで改善しました。もちろん、広告なんかの費用は1円も増えてない）

こんな順番で説明してあげると、相手は『自分の問題も同じように解決できそうだ！』とイメージできるので、いよいよ買いたいスイッチが入り始めます。

ステップ2：これから先に起こる、未来の問題を解決した事例を紹介する

ここまで実践するだけでも、営業が苦手な僕たちにとっては十分な成果をあげることができます。

でも、本当に重要なのはココからなんです！

何をするのかというと、ステップ1で解決した問題の、その先に起きる『未来の問題』とその解決事例を紹介します。

普通であれば、相手は目の前の解決策以外の話に聞く耳を持ったりしてはくれません。だって、まだ起きてない未来の話ですからね。

だけど、今なら違います！　今の相手は『イメージの中で目の前の問題を解決している状態』なので、その先に起きる問題もなんとなく想像できます。

そこで僕たちは、ステップ1の問題を解決した後にも、相手が目指すゴールにたどり着くためには、さまざまな障害があることを説明します。

そして、先ほどのA治療院の事例を使って、それすらも解決した話をしてあげます。

例えばこんな風に。

「リピート数が増えたのはいいんですが、スタッフ一人だけでやっているので、すぐにキャパシティがオーバーしてしまいました。でも、いきなりスタッフを増やすのはコワイじゃないですか。だから、次にやったのは、お客さん一人あたりの単価を上げることです。実は、これにもちゃんとした方法があって、それを実践したら客単価も2倍に増えました」

こんな風に、未来の話をすることで最終的に、相手にこんな風に感じてもらいます。

『同じ問題を持っていたA治療院が、自分の一歩も二歩も先に進めている……。すごいな』

そして、それを可能にしたのが僕たちだと実感してもらうんです。

僕たちと付き合えば、『自分が望んだ未来に早くたどり着けそう！』。**そう感じてもらえるかがポイント**。そうすればステップ1の解決策である第1の商品を買ってもらえるのは当たり前に。

それだけじゃなく、未来の問題を解決するための第2、第3の商品も順番に買ってもらうことができます。

しかも、相手の方から望んで「買いたい」と言ってくれるので、まさに願ったり叶ったりになります！

周りの事例も引き出しにどんどん入れる

このように事例をうまく活用すれば、とにかく『売り込まなくても勝手に売れる商談』をすることができるようになります。

もちろん、事例は自分が関わった案件じゃなくてもOKです。先輩や同僚が体験した事例でも、同じように効果があります。だから、営業が苦手な人こそ、周りの人の成功事例をヒアリングして、〝こっそり〟自分の引き出しを増やしていくことが大事なのです。

そうそう、成功事例だけじゃなくて、同時に失敗した事例も混ぜると、さらにグッドですよ。失敗した話なんかすると、相手のイメージが悪くなるように思うかもしれないですが、実は逆です。

もちろん、成功事例ゼロで失敗体験ばかり話すのは、完全にヤバい奴です。でも失敗があって、そこからさらに精度があがって成功した事例の話は、向上心がある会社だという印象になるのでプラスに働きます。

大事なことは、失敗しないことじゃなく「失敗を活かす」こと！

そう考えると、あなたの全ての体験を営業に活かすことができるようになります。営業が苦手な人の方が、たくさん失敗しているので、ネタには困らないはずです。だから、僕もいつの間にか引き出しだらけです。

18 悪用厳禁！ 正しいポジショニングで楽に成果を出す方法

いくら営業でお客さんと仲よくなることができても、結局最後には価格を伝えたり購入をすすめたりする「クロージング」のときがやってきます。

でも「買ってください！」とか「申し込んでもらえませんか？」って言った瞬間、結局売り込みの雰囲気になるみたいで嫌じゃないですか？

とはいえ、言わなきゃ話が終わらないのは分かる。でもやっぱり〝やましいことをしている感覚が消えない〟。あぁ、葛藤が止まらない。

そんな状態だったあなたも、この本を読み進めるたびにだんだんと考え方が変わって来たんじゃないかなと思います。

自分から無理矢理クロージングするんじゃなくて、お客さんの口から『買いたい！』

と言ってもらえるイメージが湧いてきましたよね？

あとは、この後の数項で紹介している『ポジショニングのステージ』を実践するだけで、嘘みたいに商談がスムーズに進むはずです。そのくらい、営業をするうえで「ポジショニング」はものすごく大事なことなんです。

だから実は、この方法を悪用して目先の数字をどんどん上げるやり方も、実際に存在します。もちろん、本書を読んでいるあなたが悪用なんかしないのは知っています！

でも、知らずにそれに近いやり方を教えられたり、やってしまったりすることがあるんです。よってここでは、このポジショニングを悪用する方法と、正しく活用する方法について話したいと思います。

知らずにやってしまうかも⁉　ポジショニングの悪用……

そもそも『ポジショニングを悪用する』ってどういうことなのかと言うと……。要は『なんちゃってカリスマ』になることです。

なんちゃってカリスマとは？

本来の自分とはかけ離れたキャラで強引にポジショニングをする人のことを言います。嘘や調子のいいことを言って相手に魔法をかけて、その気にさせます。いかにも自信ありげにガシガシ接してくるので、思わず相手も騙されちゃうんですよね。

強引なポジショニングにもいろいろありますが、ここではよくある身近なパターンを紹介します。

絶対ダメ！　強引なポジショニングのパターン

●他社の悪口を言って自社に乗り換えさせようとする

営業　「今ってどこのサービスを使っているんですか？」

お客さん　「今は、○○社のサービスを使っているね」

営業　「あぁ、あそこですかぁ。いろんな噂がありますよねぇ。ココでは問題起きてないですか？」

お客さん「えっ？　何のこと？」

自分がやっていなくても、意外に耳にしたことあるんじゃないかと思います。これは競合のイメージを下げて、自社を救世主に仕立て上げる、最も簡単なやり方です。でもこのやり方で契約に繋げようとすると、相手は「自分のことも他で悪く言うかもしれない人」っていうイメージを持ってしまいます。

とても不安定な関係性になってしまうので、ふとしたことでトラブルになりやすいので要注意です。

●嘘の成功事例を伝えたり、都合の悪いことを隠して相手を騙す

こんなことやっちゃダメなのは、みんな分かっているはず。でも、先輩や上司から教え込まれて、知らずにやってしまうことがあります。

「細かいこと気にしないで、とりあえず今までより経費削減になるってお客さんに伝え

ればいいから！」とか「あとで、追加料金かかるとか、今は説明しなくていいから」みたいに、そういうトークを強制されるパターンも少なくないです。『えっ？　それって嘘じゃないの？』って感じることありませんか？

こういう都合のいいトークで営業をすると、相手からは『おぉ！　この人スゴイかも⁉』『この人の言うことを聞いてればうまくいくんじゃないかな！』って一目置かれるようになります。

そして、当然一時的に売り上げはギューンって上昇します。

でもね、嘘はいずれバレる。魔法はいずれ解けるんです。

「この前言っていたとおりに全然ならないじゃないか。金返せー！」

「後でお金かかるなんて聞いてないよ！」

大クレームや訴訟問題……、こうやって、ポジショニングを悪用したツケが回ってきます。ひどいときは、当事者が昇進していなくなっちゃって、後輩の自分がそのツケを払わされるなんて悲劇もあります。

身に覚えのないことで相手からめちゃくちゃキレられるという、まさに僕がそのタイプでした。

商談でラクに成果を出すための『簡単な条件』

こんな風にムダにモメることなく、素直にお客さんといい関係を築きたいですよね。実はこういう事態にならないで、正しい営業で成果を出すための『簡単な条件』があるんです。

その簡単な条件を守ってお客さんと接するだけで、モメることなく成果を出し続けることもできます。

その簡単な条件とは……、

『畏《おそ》れられながら好かれること』

相手に畏れられながら好かれることができれば、売り込まなくても勝手に売れる商談をすることができます。

というわけで、この『畏れられながら好かれる』っていうのがどういうことなのかを説明しますね。

Q．まず、畏れられるって何？

おそれられるって、なんか穏やかじゃない響きですよね？　まさか相手に圧力をかけて「申し込むまで部屋から出さんぞ、こるぁっ！」みたいなことをしちゃったり……、なんて、冗談です。

最初に伝えたいのが、『恐れられる』と『畏れられる』は同じ読み方だけど、意味がぜんぜん違うってことです。

「恐れられる＝恐怖で相手を萎縮させること」

強引なポジショニングをしたり、押し売りで契約をもぎ取ったりする人はこっちのタイプ。恐怖は相手をコントロールしやすいので、短期的に成果を出しやすいですが、あくまでも一時的なもので、後で必ずツケを払わされます。

では、畏れられるという言葉はというと……。

簡単に言うと「畏れられる＝リスペクトされること」。

相手に一目置かれる状態になって、頼りにされること。つまり信頼関係っていうのは、ただ勢いだけの恐れられる営業からは生まれないんです。

Q．では、好かれるって何？

こちらは簡単ですが、分かりやすい例でいうと……、『この人話しやすいな』『この人自分のことを分かってくれているな』って思われること。

相手に好かれる状態になれれば、『この人に営業される』とか『売り込まれるかも』っていうガードを外すことができます。

それだけじゃなく、距離が近くなるので本音を引き出しやすく、その分、正しい解決策を提案しやすくなります。

こうすれば『畏れられながら好かれる』ことができる！

では、具体的にどうすれば畏れられながら好かれるのかというと、実はこれも難しくないんです。

1.『好かれる』ためのポイント

相手に好かれるための第一歩は超簡単！　それは、まず自分が相手を好きになること。

そりゃそうですよね。そして、相手を好きになるためには、相手のことを積極的に知ろうとすることです。

例えば、あなたも好きな芸能人とかミュージシャンのことだったらよく調べるでしょ？　そしてよく調べるから、さらに共感したり憧れたりして、もっと好きになれる。
営業もこれと同じ。

じゃぁ、相手のことを知るためには何をしたらいいか？　これも簡単！　相手のことを知るためには、とにかく相手に質問すればいいんです。

2.『畏れられる』ためのポイント

次に、畏れられるために何をすればいいのかというと、自分の専門分野で一目置かれればOK。一目置かれるといっても別にリーダー気質じゃなきゃいけないとか、カリスマじゃなきゃいけないとか、そういうのじゃないので安心してください。

そもそも僕たちが提供している商品っていうのは、お客さんの何かしらの問題を解決するためにあるわけですよね？　要はその「お客さんが抱える問題の分野」で一目置かれればいいだけ。

これは決して難しくないこと。だって、もともと会社やあなた自身が、その分野の問題解決に詳しいわけだから、そもそも一目置かれる素質はあるってことです。

あとは、一目置かれるための手順に沿って商談を進めるだけで、相手の見る目は明らかに変わってきます。

そして、この一目置かれる正しい手順についても本書でちゃんと紹介しているので、見直してみてくださいね。


おそらくあなたも、人生での重大な決断だったり、もしくは趣味や勉強などの専門分野だったりで「この人の言うことだったら間違いない」って感じる人っているでしょ？

その人が言ってみれば『畏れられる』状態にいる人。

だから、僕たちもお客さんに対してそんな印象を与えられれば、商談をスムーズに進められるわけです。

正しい手順で進めれば成果は自然とついてくる

どうですか？　『畏れられながら好かれる』のイメージはできましたか？

もう一度、やり方をおさらいすると……、

1．相手のことを知る・質問する↓相手の悩みや、想い・目標を知る↓相手を深く知り好きになる、リスペクトする↓相手に共感することで『好かれる』。

2．相手の悩みや課題について、ピッタリな成功事例を紹介する↓問題解決の専門家と

して一目置かれ『畏れられる』。

こんな感じで全ては順番につながっています。だから順番を無視して、相手のことを知ろうとせず、いきなり強引にポジショニングを取ろうとすると、相手に恐怖しか与えません。

もちろん、僕たちはそんな営業が大嫌い。**だから、昔ながらの営業が苦手だったり人見知りなあなたにこそ、正しい営業でどんどん成果を出す素質があるのです。**

さて、次はいよいよ相手の方から「買いたい！」と言ってもらう最後の仕上げのステージに進みます。ここまで読んでくれたあなたならきっと、モノにできると思います。

19 相手から「買いたい！」と言ってもらう3つの接客方法

『営業なんて結局はどう売り込むかだよ！』

未経験で営業マンとして採用されたときに言われた、なんともありがたーいアドバイス。

おかげで一瞬にして「営業やりたくない……」と苦手意識を持つことができました（笑）。

でも、今だからハッキリ言えます。営業っていうのは売り込む仕事じゃないし、売り込む必要だってないってこと。

そんなことしなくても、商品は売れるし、むしろ感謝すらしてもらえます。超がつく人見知りなうえに「無理矢理商品を売るなんて絶対ヤダ！」っていう僕自身がそのやり方でトップセールスにまでなることができました。
そして今では全国の研修で、営業の苦手な人がドンドン同じように成果を出しています。

ここまでの具体的な方法を整理すると、商談のステージを分けて紹介してきました。

1．相手のことをドンドン知って『好かれる』状態をつくる、「共感」のステージ。
2．自分が一目置かれる存在になる、「ポジショニング」のステージ。

そして、ここで紹介するのが、3つ目の「オファー」のステージです。

このオファーのステージを無事にクリアすることができれば、『売り込まなくても売れる』状態をつくることができます。
大丈夫、このステージも難しいことはありません。このステージをスムーズにクリアするためのポイントを意識しながら取り組めば、ちょちょいのちょいです（笑）。

『売り込み』の代わりに種をまく⁉

今までの商談のステージのポイントを覚えていますか？
「共感」のステージでのポイントは『ＮＯと言わないこと』。
「ポジショニング」のステージでのポイントは『ＮＯと言うこと』。
でしたよね。

そして今回の「オファー」のステージをスムーズにクリアするポイント。

それは……、

『オファーしないこと』

なんじゃいそりゃー⁉　「相手に提案《オファー》するステージなのに提案しないってどゆことー？」って感じですよね。

でも間違いじゃないです。ちゃんとハッキリとした理由があります。

営業していて、どうしても「買ってください！」とか「検討してもらえませんか？」みたいな最後のひと押しのシチュエーションってありますよね。

でもそんなときって、相手よりも、それを言っている自分の方が『売り込んでいる罪悪感』がありませんか？　罪悪感があると急に顔が引きつるし、相手と目を合わせられないし……。

今までのいい空気が嘘のように不穏な感じに変わっていく……。そういうのが嫌だから営業ってしたくない。

でも、もしですよ？　もし営業が苦手な僕たち向けの別の方法があったらどうでしょう？

罪悪感をもたずにクロージングまで商談を進める方法があるとしたら……。

そんなのがあったら頑張れそうじゃないですか？

そこで登場するのがこの『オファーしない』という商談の仕方。**厳密に言うと提案を一切しないのではなくて、「相手に商品の提案をする」という場面をつくらずに、さり**

気なく商談を通して『提案の種をまいてしまう』っていうやり方です。

そして、芽が出て花が咲けば収穫します。

実は、共感・ポジショニングの各ステージで、すでにあなたはさり気なく『提案の種』をまいてここまできました。なんとなく手応えありませんか？

どんどん相手との距離が近づいた感触だけじゃなく、ちょっとずつあなたやあなたの商品に興味を持ち始めている感じがしますよね？

その感覚こそが、種が育っている証拠です。

相手から「買いたい！」と言ってもらう3つの方法

というわけで、最後のこのステージでは、その種から芽が出て花が咲くように働きかけます。それは、植物と全く同じ方法でOK。つまり『与えつづけること』。

日光を与え続ける、栄養を与え続ける、水を与え続ける。これと同じように、商談でも相手に与え続けます。

一体、何を与えるのかというと……、『ＷＨＹ』『ＷＨＡＴ』『プチＨＯＷ』の３つの情報です。この３つの情報を「成功事例」や「相手の質問」に合わせて与え続けます。

そうすれば芽がドンドン育ち、花が開きます。

情報その１：ＷＨＹ『なぜ今まで上手くいかなかったのか？』

相手が抱えている問題や課題に対して、お客さん自身が解決するためにとっている行動って、結構間違っていることが多いんです。

そんなときには「ＷＨＹ」の情報を与えます。

例えば、お客さん（Ａさん）が今まで実践したことを説明してくれているとき……、

例：

お客さん　「今までは、◯◯をやったり△△も試してみたんだけど、どれも効果なかったよ……」

あなた　「ということは◯◯をやったときに、××（他の問題）みたいなことにもならなかったんですか？」

お客さん「あぁ、なったよ」

あなた「Aさんと似たお客さんがいるんですけれど、みなさん最初そんな問題がありました。実はAさんのような問題の場合は、○○とか△△をやっても上手くいかないんですよ」

こんな感じで、今までのやり方だと解決しないことを知ってもらいます。さらに『同じ間違いをした別のお客さんの事例』を出して説明すると、上手くいかなかった原因をイメージしてもらいやすいです。

そして、なぜうまく行かないのかだけじゃなく、その後どうやって解決したかまで伝えることで、相手を否定するだけで終わらないようにします。

情報その2：WHAT『本当の問題は何？　何をすれば解決できる？』

「WHY」に続いて、相手が問題を解決できずにいたときに、本当の問題点や解決策を与えます。

ここで大事なのが、あなたが指摘する問題点、もしくは紹介する解決策が相手にとって『新しい気付き』であることです。

つまり「あなたの商品が他社とどう違うのか？」を知ってもらうことが重要です。

この「WHAT」でもうひとつ大事なことがあります。それは証拠を見せること。あなたの言っている『新しい解決策』が本当に相手に合っているのかを証明する必要があります。

その方法が『体験』と『疑似体験』です。

『体験』というのは文字通り、あなたの商品が他とどう違うのか、その特徴をデモンストレーションや試用を通じて相手に感じてもらいます。

その際に、商品の特徴が「いかにお客さんの問題を解決するのに適しているか？」「それが他社の解決策とどう違うのか？」を意識して説明します。

『疑似体験』は、デモや試用ができない場合に、お客さまと似た状況の成功事例や「お客さまの声」などを見せることで、自分に置き換えてイメージしやすいようにします。

情報その3：プチHOW『実際にどうやってやるの？』

「HOW」とはまさに、『どのようにやるか？』『どのように使うか？』のノウハウを教えることとです。

言ってみれば、この「HOW」の中には商品そのものが含まれていることもあります。

ということは……、

「えっ？　これを教えちゃったら、相手は買わなくてよくなっちゃうよ……？」ってことになりますよね。

でもね、それでいいんです。与えちゃえばいいんです！　そこまで与えても問題ないといい切れる理由がちゃんとあります。

それは、共感とポジショニングのステージでも伝えてきましたが、僕たちが提案するのは目先の商品じゃないということ。

僕たちが商談を通してお客さんに提案しようとしているのは『自分と付き合うことで得られる、今より豊かな未来』。

『肉を切らせて骨を断つ』みたいなイメージですね。

（うーん、たとえが悪いかな？）

でも、一点だけ注意が必要！　それは教えるのが『プチＨＯＷ』ってところ。なんでプチなのかというと、出し惜しみをしたいからじゃないです。

そうじゃなくて、情報が多すぎると逆にお客さんの頭がパンクしてテンションが一気に下がっちゃうからです。

自分は相手に比べて解決策について知りすぎていることを自覚して、あまり具体的なノウハウに突っ込みすぎず、『いい塩梅《あんばい》』を保ちましょう。

正しい情報で期待を膨らませると芽が出やすい

ゴリゴリに商品を売り込む代わりに、これらの３つの情報を与え続けると相手の興味や期待はどんどん育ち、最後には花開きます。しかも、僕たちは『あること、ないこと』をしゃべって、過度な期待をあおっているわけじゃありません。

僕たちは正しい情報や、自分たちが実際に提供できる解決策によって相手のイメージを膨らませているので、後で『話が違うじゃないか！』なんていうトラブルにもならないです。

いよいよ『正直者がバカを見る』ではなく、一つひとつ信頼を勝ち取り『ウサギとカメ』のカメ（僕たちのことね）が勝ち残る準備が整いました。

ここまで来て次に起こることといえば……、そう、金額の提示についての話です。結局ココは避けて通れません。ココさえクリアできればゴール。

でも、お金の話をするのって一番イヤですよね？　なんか売り込んでいるみたいで。

でも大丈夫です。この金額の提示すらも、売り込まずにスムーズに進めることができます。

というわけで、これからスムーズな〝金額提示〟の仕方について紹介します。

20 「クロージング」に対する罪悪感を消す3つの手段

罪悪感が消えない料金の話……

どんなに商談がスムーズに進んでも、結局は価格を伝えなきゃいけない……。でもね、僕たち日本人って特にお金の話をするのは、『下品』だとか『卑《いや》しい』と教えられて育ったわけです。

だから、どうしてもこの場面になると緊張するし、罪悪感が消えないところですよねぇ。そんな理由もあって、多くの人が『営業』っていう仕事にいいイメージを持っていないんだと思います。

『できるならこっちから、頼まれてもないのに伝えるんじゃなくて、相手の方から頼まれて伝える風になればいいのに』。そう思いますよね？

はい！　というわけでここでは、そんなお金に対して消極的な教育を受けた僕たちでも、『価格を伝える抵抗』を最小限に減らしながら、サラッとクリアする方法を紹介しますね。

価格を伝えるときの『あるあるな悩み』

最初に、価格を伝えることに対して、どんな悩みがあるかまとめてみましょう。よくある悩みは大きくまとめると以下の2パターンじゃないかと思います。

あるある、その1――「価格を伝えるタイミングが分からない」

『価格って一体どのタイミングで伝えればいいの？』

説明の最初の方？　後の方？

タイミングを見計らってはいるものの、結局価格を伝えると、売り込んでいるみたいになっちゃうから、二の足を踏んじゃうし……。

先輩や上司に聞いても人それぞれだったりして、どれが自分に合っているのかよく分からない。「誰かちゃんと教えてー」って思いますよね。

あるある、その2――「価格の伝え方が分からない」

タイミングが分かったとしても、一体どんな風に伝えれば自然な感じになるの？ めちゃくちゃドキドキしているのを隠しながら伝えているつもりだけど、多分『般若《はんにゃ》のお面』みたいに引きつっている可能性大！

「自然に伝えればいいんだ！」とか言われるけど、『えっ？ 自然って何よ？』『自然の生活で人に価格伝えることってないでしょーよ』て感じになりませんか？

実はこの２つの悩みって……、それぞれ別々に解決策を探すと見つからないんです。

超簡単！　価格を伝えるタイミングの見分け方

その価格をスムーズに伝える簡単な解決策が何なのかっていうと、

それは、

『相手から聞いてきたら答えればいい』ってこと！

おっとー、当たり前のように言ってくれますねぇ。それが最初からできれば悩んでないないって話だよ。

なんて、怒らないでくださいね。

どういう意味かっていうと、相手の方から「買いたいから価格を教えて欲しい」ってなるように話を進めればいいってことです。

価格を伝えるタイミングは無理につくらなくていいんです。

実はそのために、この『オファー』のステージでは、相手に与えることに徹してきたわけです。

正しい手順で相手が欲しい情報を与え続けていると、相手の『買いたいレベル』がグングン上昇して「いくらか教えてー！」ってことになります。

そして、この『買いたいレベル』は上がるたびに分かりやすい3段階の反応で教えてくれます。

僕たちがやるのはその反応に合わせて価格を伝える準備をゆっくりするだけ！

ゴールは目前！ 『買いたいレベル』の3段階

第1段階：具体的な質問が増える

相手にあった過去の事例や導入イメージを伝え続けていくことで、「自分も同じように問題解決できるかも！」という期待が膨らみます。

そうすると、実際に自分が商品を購入したときのイメージをし始めるので「自分の環境でもうまくいくかな？」みたいに疑問が出てきます。

こうなると、「例えば○○のときは、どうなるの？」みたいに具体的な質問が出始めます。これこそが、相手があなたの商品に興味を持ち出したサインです。

ではこんな質問が出始めたらどうすればいいか？　まだ価格を伝えるには早いですね。質問が出たらすることはただ一つ。質問に答えるだけ。

でもただ、「はい」や「いいえ」で答えるのではなく、具体的な事例を使いながら相手がイメージしやすいように説明します。

第２段階：「導入したい」「試したい」の意志表示をされる

質問に答えて、疑問や不安を一つひとつ解消していくと、相手の期待がどんどん高まっていきます。

そうすると「ウチもお願いしたいなぁ」や「どうやったら始められるの？」のように、購買したい・導入したいという意志表示が出てきます。

もうこれは、「買いたい！」サインでもあるので、ここで価格を伝えてしまっても大丈夫です。もちろん伝えても大丈夫なんですが……。

でも自分自身が価格を伝えることに、まだビビってしまっていることってありますよね。その場合はまだ伝えなくても大丈夫！

価格ではなくて、あなたの提案に申し込んでもらった場合の具体的な流れや導入のイメージを大まかに伝えるようにしましょう。

ここまでくると、あなたと付き合うことで自分が「いい方向に変わっていけそう！」というイメージがもうマックスの状態になります。

第3段階：価格を聞かれる

さてさて、ここまで来たらもう全ての準備は整いました！　第2段階でも、価格をもったいぶる（?）と、いよいよ相手のほうから我慢しきれずに待ち望んでいた質問をしてくれます。

「で、いくらくらいなの？」

キター!!

そうしたら、もう僕たちのやるべきことはただ一つだけ！

聞かれたことに答えるだけ。つまり価格を伝えます。聞かれたときにさらっと価格を伝えるだけなので、当然僕たちの抵抗感も最小限に抑えられます。

相手が欲しがっているわけだから。相手が知りたがっているわけだから。だから、価格を伝えるんです。

もはやコレって、売り込みでも何でもないですよね？　言うまでもなく、相手だって売り込まれているなんて感覚は一切ないです。

営業でもなんでも、出会い方ってすごく大事ですよね？　お互いの最初のイメージが悪いと、その後も引きずっちゃうし。逆にいいイメージから入るとその後に多少の問題があっても大目に見てもらえるというかね。

ここで紹介したやり方で商談を進めると『お願いして買ってもらう立場』じゃなくて、『頼まれてお手伝いする立場』としての関係をスタートさせることができます。まさに出会い方としては最高だと思いませんか？

出会い方がいいからクレームもほとんど起きない

もう、想像することも難しくないと思いますが、この手順で価格を伝えるところまで進めれば、購入してもらいやすいのは当たり前！　それだけじゃなく、出会い方もベストなので、販売した後もクレームがほとんど生まれません。

なぜなら、申込みをもらう前に『いい人＋頼れる人』というポジションを築けているからです。

だから、例えばトラブルやうっかりなどで凡ミスをしてしまったとしても、『この人なら最終的にはキッチリやりきってくれるだろう』というイメージを持ってもらえているので、いきなり「こるぁ～っ！」ってクレームに繋がるなんてことはほとんど起きません。

大事なことは、僕たちからゴリゴリに説明を進めていくことじゃないんです。相手の『もっと知りたい！』を上手に引き出しながら、それに合わせて与え続けて、最終的に聞かれたら価格を提示すればいいだけ。

この一連の手順を最初から順番に実践するだけで、それが可能になります。一つひとつのステップはとても簡単だから、苦手意識のあるあなたでもきっとできるはず。

さぁさぁ、これから価格を伝えるときは、聞かれたときにさらっと伝えてしまいましょう！

21 相手にとって大切な存在になれば、関係は自然と長続きする

絶対に欠かせない！　お客さんとの関係構築

ほとんどの業界がそうだと思いますが、お客さんとの付き合いが「たった1回きりの関係」ってあんまりないですよね。

アフターサポートがあったり、2回目・3回目に提案できる商品があったりと、継続的に付き合う必要があります。**だから営業で成果を出すためには、相手と長くいい関係でいることが絶対条件。**

当然、1回目に嘘をついたり、相手を騙したりと「今だけよければいい」的な営業をしてしまうと、確実にあとでしっぺ返しがきます。もちろん、そんなヤバい営業方法はやっちゃいけないのは知っています。

でもね、やっちゃいけない方法は知ってはいるけど、もしも「お客さんと長くいい関係になる方法を教えて！」って言われたら、具体的に説明できますか？

たぶん、
「ココロを込めて！」とか、
「正直で誠実に相手と向き合う」とか、
マザーテレサみたいな言葉しかでてこないですよね（決してマザーテレサを否定しているわけじゃないですよ）。

もちろん、これにもちゃんとした方法があります。
というわけでここでは、「お客さんと長くいい関係を築くための営業方法」を明確にしていきたいと思います。
その具体的な方法を「愛情」とか「誠意」みたいな言葉を使わずに説明しますね。

長くいい関係が築けない本当の理由

お客さんに嫌がられるような「売り込み型」の営業なんてしてない。

かといって、とても関係が良好か？　と言われればそうでもない……。


真面目に営業をしようとしていても、こんな状態になることありますよね？　他にも例えば……、

・1回目は買ってもらえたけど、その後が続かない。
・気付いたら競合の会社に、お客さんを取られていた。

このあたりも〝あるある〟ですね。しかも、競合に商品やサービスをひっくり返されようもんなら、もれなく上司にキレられるというオマケ付き。

適当にやっているわけじゃないのに、一体どうしてこんなことになるんでしょうか？

実は、こういう事態に陥るのにはちゃんと理由があります。それは何かというと……。

〝僕たちが相手のココロに自分の存在を残せていない〟ということ。

営業だけじゃなく、人付き合いですべきこと。**それは僕たちが、相手のココロの中に居場所をつくること。**

『相手のココロに残る存在になる』とか、『忘れられない存在になる』っていうのと同じ意味ですね。

僕たちが営業でやっているのは、言ってみれば『ココロの陣取り合戦』みたいなもの。相手の中に、より多く自分の印象が残ればそれだけ大きな存在になれる。

だから、自分の印象を残さずに浅い関係でいる以上、相手にとって重要な存在にはなれないってことです。

重要な存在になっていなければ、当然すぐに忘れられたり、印象が薄くなっていく……。これこそが、『押し売り』とか『騙す』とか悪どい営業をしてなくても、1回限りの関係になりやすい本当の理由というわけです。

相手にとって大きな存在になる簡単な方法

影響力を持てずにお客さんと長い付き合いができなければ、当然ですが僕たちは新しいお客さんを探し続けないといけなくなります。これは地獄ですね。

「まさにあなたの商品を探していたの！」みたいなミラクルな出会いを探し求める、終わりのない苦行が続くだけです。

そんなことは絶対イヤですよね。だから僕たちは、なんとしても相手にとって大きな存在にならないといけない。

では、どうすればそんな存在になれるのでしょうか？　どうすれば『ココロの陣取り合戦』に勝ち残ることができるのでしょうか？

その答えは……、

『相手を巻き込む』ことです。

巻き込むって何かというと、
あなたの提案（商品やプラン）に、相手が自分の意志で参加すること。
この〝自分の意志で〟というのがミソ。
自分の意志で相手が参加することでプラスの現象がいっぱい生まれます。

- **他人に決められた行動じゃなく、自分で決めたことなので、周りと協力したり進んで行動するようになる。**
- **自分で決めたことなので、たとえ最初うまく行かなくてもクレームになりにくい。**
- **ライバルよりもお客さんとの距離が近くなるため、いつでも最初に相談してもらえる。**

巻き込む前はあなたと相手は、まさに商談の席と同じように『自分と対峙する他人（ほとんど敵）』の状態。でも相手を巻き込むことができれば、『隣の席で同じ目標（ゴール）に向かう仲間』の状態に変わります。

だから『仲間』として長くいい関係でいることができるというわけです。

絶対ダメ！　これをやると巻き込めなくなる3つの注意点

巻き込むことの大切さを感じてもらえたところで、注意点を紹介しておきたいと思います。

やってしまうと、その時点で巻き込むことができなくなってしまう『絶対ダメ！』な行動なので気をつけてください。

1．相手に決断を迫らない

簡単に言えば「買ってください！」とか「検討してください！」と売り込むことです。

これをやってしまうと、一発アウト！　絶対にやってはいけません。

この言い方は相手からしたら、あなたの提案を受けるか・受けないかの二択しかありません。つまり、受けたとしても「あなたに言われたからやったこと」になります。

そうすると、ちょっとうまくいかなかったり、思うような成果が出なければ、高確率でクレーム発動です。

2. 見た目でアウトにならない

営業で最初に相手が感じる情報は視覚からです。髪型や服装などの身なりが原因で、喋る前からアウトになるケースってメチャクチャ多いです。『うわっ、なんか好きじゃない』って思った時点で相手は聞く気がなくなってしまうので、身だしなみこそ気をつけましょう。

3. 『自分の話を聞いてもらう』スタンスで接しない

僕たちが相手にとって大きな存在になれない原因の一つがこれ。でも多くの人が営業について間違った認識を持っているのも事実。

営業は『自分の話を聞いてもらう場』じゃないです。『相手の話（悩みや心配・願望など）を引き出して、それについての話をする場』です。

どっちの認識で営業に望んでいるかで、僕たちの細かい行動や雰囲気が大きく変わるので相手に与える印象も１８０度変わってきます。

「自分が話すタイミング」を狙ってる人は当然相手に伝わるので、巻き込むことはできません。

巻き込みたい？　それならこうやるべし！

今度は相手を巻き込むためには何をすればいいかの話。それはひと言で言うとこういうこと。

「この人と関わりたい！」と思える情報を与えること。

相手が自分で決断して「自分もやりたいんだけど！」って言ってもらうには、まず『この人と関わりたい』と思ってもらうことが先決です。逆を言えば、その状態さえつくれれば、相手は自然と行動してくれます。

では、どうすれば『この人と関わりたい！』と思ってもらえるの？

と、また次の問題が出てきますよね。

安心してください、どんどん出てくる問題はここで終わりです。なぜならこの問題の解決策はもう、あなたは知っているはずだから。

『この人と関わりたい！』と思ってもらう方法、それは……、

・相手に共感して同じゴールを共有すること。

・あなたが他とどう違うのかを知ってもらって、一目置かれること。
↑
・相手の問題の解決策を、事例を交えてひたすら与えること。
↑

ん？　どこかで聞いたことありませんか？　そう、実はこの本で順番に紹介してきた営業の手順そのものです！

営業が苦手な人でも「売り込まなくても売れる」方法として紹介してきたこのノウハウ。

実は、ただ売れるだけじゃなくて、お客さんを巻き込んで『長くいい関係』を築くこともできちゃう方法なんです。

なんだか、もう一度ちゃんと見直してみたくなりませんか？

この本の内容を一つひとつ実践していくだけで、実はこんなに大きなことを達成することができるんです。

さぁ、どんどん周りを巻き込んで『仲間だらけ』の営業をはじめましょう！

22 実は王道で当たり前!! 営業でラクに成果を出す3つの手法

結局、営業で最も重要なポイントって何？

ついに最後の項目です。ここまで21項目にわたって営業が苦手な人でも『正しい手順』通りに準備すれば思い通りの成果を出せるという、具体的な方法を紹介してきました。

- **あなたのように「営業が苦手」だと思っている人こそ、実は営業に向いていること。**
- **営業で成果を出すためにはちゃんと手順が存在すること。**
- **売り込まなくても相手から「買いたい！」と言ってもらうのは可能だということ。**

こんな感じで、今現在、営業で成果が出せていない本当の理由から、具体的な解決策まで全部公開しました。

そして、いよいよ最後は、営業だけじゃなくプライベートも含めた『人付き合い』で、最も重要なポイントについて紹介します。

「最も重要なら、なんでもっと早くに教えないんだよー！」って思いますよね。

別に意地悪しているわけじゃないんです。実は、全てを話した今の方が簡単に理解してもらえるからなんです。

人付き合いの秘訣は営業もプライベートも同じ！

営業はもちろんですが、プライベートも含めて『人付き合い』が上手くいく秘訣は全部同じです。この本を通して営業で成果を出すために準備してきたことは、全てこの秘訣を実践するためだったんですよ。

その人付き合いの秘訣というのは……、

『出会い方』こそ、最も大事にするということ。

出会い方っていうのは、

- **最初に相手と会ったとき。**
- **初めて話を聞いてもらったとき。**
- **初めて商品を買ってもらったとき。**

こんな感じで相手と自分にとって、初めての場面のことを言います。

なぜ、出会い方がそんなに大事なのかというと、理由はとても簡単。結局、僕たちは〝最初に感じた〟相手の印象をずっと引きずってしまうから。

お客さんとの出会い、友達との出会い、上司との出会い、先輩との出会い、全部最初の印象って記憶に残りますよね。

このタイミングで『なんか、この人イヤな感じ……』ってなると、それから意識的に距離を置いたり、苦手意識が生まれるもの。

だからいい出会い方であれば、最初から信頼ポイントが加算されてスタートができる。

でも出会い方で失敗すると、最初から信頼ポイントがマイナスでスタートすることになります。

マイナスということは、ちょっとした失敗で即クレームがきて試合終了。

この出会い方がうまくいっている人と下手な人って、あなたの周りにもいますよね？本当はいい人なのに、ブスッとしていて損してる人とか。逆に調子だけいい感じで、最初だけ印象がよくて、あとで必ずモメる人とか。

もちろん、出会い方で嘘をつくとあとで必ずモメますからね。

耳にタコ!?　上手な『出会い方』の3つの教え

この、人付き合いでとても大事な出会い方を『いい出会い』で始める方法があります。実を言うとこの方法は、僕が考えたものではありません。僕たちが小さい頃から親や先生たちから教わったことの中にあります。

誰でも一度は耳にしているはずなのに、当たり前のことすぎてあまり価値を感じなくなっちゃっているんですよね。

でも、大昔から語り継がれている教訓って、実は『本当に大事なこと』だったり、すでに『明らかになっている正解』だから、いまでも残っているはず。

この『出会い方』で成功して上手に人付き合いをスタートさせる方法もその一つってこと。

ポイント１：「人の話をよく聞きなさい」

ちっちゃいころよく言われませんでしたか？　僕もかなり言われた気がします。そのくらい、僕たちちって小さいときから自分の話をするのが大好き。それは大人になった今でも変わらない。**あんなに耳にタコなくらい言われたことだけど、意外にできている人って少ない気がしません？**

これは営業でも同じこと。商品をプレゼンする（伝える）力は、あるに越したことはない。**だけどそれ以上に、相手の話を聞いたり、話を引き出す力のほうが何倍も大事。相手の価値観や想いを引き出してほめたり共感することが、いい出会いの第一歩なん**

です。

ポイント2：「あなたらしさを大事にしなさい」

僕は、この言葉をすごく言われた記憶があります。そのくらい自分らしさを出せず、かといって人に合わせるのも苦手で、人見知りな子でした。

でも、この『あなたらしさ』って、大人になった今でもよく分からなくないですか？人より優れているところって考えると、そこまで自信があるわけじゃないし……。

では、この「あなたらしさ」って何でしょう？ あなたらしさっていうのは、ほんの少しだけ周りよりも、得意だったり、こだわっているトコロ。そしてそれが少しでも人の役にたてるなら、おそらくそれがあなたらしさ。

営業で言えば、あなた自身の強みだけじゃなく、商品の強みも『あなたらしさ』になりますよね。**周りより少しだけ優れていて、それが相手の問題解決に役立つトコロならOK。**

「どうして私を選んでくれるんですか？」ってお客さんに直接聞いてみると、一番分かりやすい。

おそらく『真面目で嘘つかなそう』とか『説明が分かりやすい』とか「へっ？　そんな理由ですか？？？」って答えが多かったりしますよ。

「自分らしさ」を探すときって、どうしても僕たちは背伸びしがち。でも背伸びした目線に本当の強みはないんですよね。本当の「自分らしさ」っていうのは、『そんなコト？？？』っていう足元に落ちている、自分には当たり前のことだったりする。

本当の〝当たり前〟に感じる自分らしさを見付けて、その強みを伸ばせると、相手に信用されやすくなり『いい出会い方』に繋がります。

ポイント3：「人に優しくしなさい」

もー、これも耳にタコですよね。でもこれ、営業とか仕事の場合はどうすれば、相手に優しくってなるんでしょうか？

それは、ひと言で言うと……

求めるんじゃなくて、与え続けること。

相手に対して『○○して欲しい』ってココロで求めながら接すると、手に入らない度にイライラする。

でも『教えてあげたい』『手伝いたい』って気持ちで接すると、与える度に少なくとも自己満足は手に入るからイライラはしない。

商談のときもそう。『買って欲しい』という前提で接するんじゃなく、『役に立ちたい』という前提で相手のためになる情報を、分かりやすく伝えること。

不思議なもので、人って与えられるとお返しをしたくなる習性があるんです。だから、与え続けるほうが結果的に成果につながりやすいんですよね。求めると手に入らないけど、与えると返ってくる……、ホント不思議ですね。

大人は〝ど真ん中〟を進む人が勝つ！

どうですか？　いつも耳にしていたことなのに「うわぁ、結構できていないかも……」って思いませんでした？

かく言う僕自身も、未だに求めてしまうときがあります。当たり前なのにホント難しいですよね。でも、なんでこんなに難しいのかというと……。

思春期や反抗期とか大人になる途中に、どうしても当たり前から離れたくなる時期ってありますよね？

『当たり前』というど真ん中の道を進んでいると、バカにされたり。逆に道から外れている人のほうが注目を集めたり。どうしてもそこに引っ張られて、自分も道の端を歩いたり、ちょっとはみ出してみたくなる。

そして、一度〝ど真ん中〟から外れると、大人になっても戻ることに抵抗を感じてしまうもの。

でもね、ココからが面白い！　だからこそ今度は大人になると、ど真ん中の『当たり前』ができる人のほうがいい意味で目立つ。しかも、学生の頃の〝目立つけれど道からは外れる〟のとは違って、大人になって当たり前ができる人は〝目立ちながら人の役に立つ〟ことができる。

『いい出会い方』とは、人として誰もが知っている『当たり前』というど真ん中の道を進むやり方。それは難しくもなんともない、子どもだってできるやり方。昔話の『うさぎとかめ』でも結局、愚直な「かめ」が勝つでしょ？

昔から伝わる教訓とかメッセージってホント馬鹿にできないですよねぇ。

ここまで学んだら、もうあなたは大丈夫。さあ、今こそど真ん中の道を進んで『最高の出会い』をたくさん見付けましょう！

そしてたくさん成果を出すことができたなら……、今度はあなたが、次の人にこの「70点を取る方法」を教えてあげて下さいね。

そうすれば「明日が楽しみ」って思える幸せな人が、少しずつ増えるはずです！

おわりに

ふーっ。終わったー！　お疲れさまです！　ついに読み終わりましたね。

どうでしたか？　この本を読む前に比べて、今はどんな感じでしょうか？「自分でもちょっとできそうかも！」って思ったり、もしかしたら、実際に実行してみて既に前進し始めていますか？　もし、少しでも成果が出始めたのなら、めちゃくちゃ嬉しいです。本だと、あなたの声を直接聞けないのが歯がゆいですねぇ。

もし、「まだ行動できてないよ」って状態でも大丈夫です。

この本は、全てを実行しないと成果が出ないというものではありません。まずは最初のステップから一つひとつ実行していくことが大事！　一つ進むたびにどんどん成果が出る仕組みになっています。なので、とにかく勇気を出して一歩目を踏み出してもらえれば、早いタイミングで変化が現れるはずです。

初めの一歩、踏み出してみましょう!!

2019年8月　中尾隼人

【著者紹介】

中尾隼人（なかお・はやと）

営業コーチング／マーケティングコンサルタント
株式会社 ever ride 代表取締役

1979 年生まれ、宮城県仙台市出身
2005 年、1500 人規模の上場企業に入社。
かなりの口下手、人見知りで営業未経験だったにもかかわらず、
初年度からトップセールスとなる。

与えられたマニュアルに疑問を感じ、自身の営業方法を体系化、
売り込まずに商品を販売する方法として独自メソッド
「人を引き寄せる手順」を確立させ、143 日間連続で契約を受注する
社内記録を打ち立てる。
現在は、セルフイメージでブロックがかかってしまっている人の潜在能力を
引き出すためのコーチングなどをメインに、全国の営業を苦手とする
スタッフを抱える企業や団体から研修依頼が殺到する。

株式会社 ever ride（https://everride.co.jp）

特典の入手方法について

あなたが本を読んでくれている間に、せっせと特典記事をダウンロード
できるように設定しておきました（笑）。
コチラの URL もしくは QR コードから特典ページにアクセスできるようになっていますので、ぜひチェックしてみてください。
きっと、さらに営業の質が上がるはずですし、嫌な思いをする機会を大幅に減らすことができるはずです。

ダウンロード URL（https://everride.co.jp/70ten/）

この作品に対する皆様のご意見・ご感想をお待ちしております。

おハガキ・お手紙は以下の宛先にお送りください。

【宛先】

〒150-6005 東京都渋谷区恵比寿 4-20-3 恵比寿ｶﾞｰﾃﾞﾝﾌﾟﾚｲｽﾀﾜｰ 5F
（株）アルファポリス　書籍感想係

メールフォームでのご意見・ご感想は右のＱＲコードから、
あるいは以下のワードで検索をかけてください。

アルファポリス　書籍の感想　検索

ご感想はこちらから

営業マンは70点主義でいい。

中尾隼人 著

2019年 8月 31日初版発行

編　集－原　康明
編集長－太田鉄平
発行者－梶本雄介
発行所－株式会社アルファポリス
〒150-6005 東京都渋谷区恵比寿4-20-3 恵比寿ｶﾞｰﾃﾞﾝﾌﾟﾚｲｽﾀﾜｰ5F
TEL 03-6277-1601（営業）03-6277-1602（編集）
URL http://www.alphapolis.co.jp/
発売元－株式会社星雲社
〒112-0005 東京都文京区水道1-3-30
TEL 03-3868-3275
装丁・中面デザイン－ansyyqdesign
印刷－中央精版印刷株式会社

価格はカバーに表示されてあります。

落丁乱丁の場合はアルファポリスまでご連絡ください。

送料は小社負担でお取り替えします。

ISBN 978-4-434-26359-0 C2034